G. J. F. van Tuil

E. R. A. van Heerd

Wünschelruten-Gehen

Praktische Anleitung in eine alte Technik

Aufspüren von Grundwasser, Wasserläufen, Strom-, Gas- und Telefonleitungen

ökobuch

Alle Angaben und Arbeitsanleitungen in diesem Buch wurden nach bestem Wissen und Gewissen zusammengestellt, eine Gewähr für die Richtigkeit wird jedoch nicht übernommen. Infolgedessen lassen sich für die praktische Umsetzung des hier Dargestellten keine Haftungsansprüche gegenüber den Autoren oder dem Verlag ableiten.

Bibliografische Information der Deutschen Nationalbibliothek

Die Deutsche Nationalbibliothek verzeichnet diese Publikation in der Deutschen Nationalbibliografie; detaillierte bibliografische Angaben sind im Internet unter http://dnb.d-nb.de abrufbar.

Aus dem Holländischen übersetzt von Claus Wilhelm.
Die Originalausgabe erschien 1987 unter dem Titel „Wichelroede Loopen" bei Phoenix Weert

Unsere Bücher werden nach höchsten Ansprüchen an Nachhaltigkeit und Ökologie produziert und wir optimieren ständig weiter:

- Papiere und Pappen sind FSC® oder PEFC™ zertifiziert
- Druckfarben auf Pflanzenölbasis
- Druckplattenbelichtung komplett chemiefrei
- Klebstoffe lösungsmittelfrei
- 100% Öko-Strom bei Druck und Bindung
- Müllvermeidung und Recycling bei der Produktion
- kurze Wege, gedruckt in Deutschland

Nachdruck der deutschsprachigen Ausgabe
München 1988 und 1992

ISBN 978-3-947021-15-4

3. Auflage 2025

Königstr. 43, 26180 Rastede
E-Mail: verlag@oekobuch.de
http://www.oekobuch.de

FSC
www.fsc.org
100%
Paper from well-managed forests
FSC® C014521

Printed in the European Union

Inhalt

Einleitung ... 5

Teil 1: Grundtechniken ... 8

1 Die Metallstäbe ... 9
Wie hält man sie fest? ... 9
Das Aufspüren einer Wasserleitung ... 10
Die Empfindlichkeit der Stäbe ... 12

2 Die V-Rute ... 14
Handhabung ... 14
Die Reaktion ... 16
Die Empfindlichkeit ... 17
Andere Arten des Festhaltens ... 17

3 Der Gabelzweig ... 19
Das Festhalten ... 20
Die Reaktion der Wünschelrute ... 21
Die Empfindlichkeit der Wünschelrute ... 21

4 Das Pendel ... 22
Die Herstellung eines Pendels ... 22
Das Festhalten ... 23
Die Reaktion des Pendels ... 24
Die Empfindlichkeit des Pendels ... 24

5 Einige andere Instrumente ... 25
Die Schleife ... 25
Die Bogenrute ... 25

Teil 2: Spezielle Anwendungen und Techniken ... 27

6 Was können wir aufspüren? ... 27
Anwendungen im Freien ... 27
Anwendungen im Hause ... 30
Spezielle Gegenstände ... 30
Angefaultes Obst ... 31
Kranke Pflanzen ... 31
Feuchtes Heu ... 31
Zigaretten-und Pfeifentabak ... 32
Nahrungsmittel ... 32

7 Die Systematik des Rutengehens ... 33

8 Höhere Techniken ... 35
Die Tiefenbestimmung ... 36
Genaue Positionsbestimmung ... 37
Richtungsbestimmungstechniken ... 38
Positionsbestimmung durch Triangulation ... 41
Einige konkrete Anwendungen ... 42
Die Breite eines Wasserlaufs ... 42
Das Verfolgen eines Wasserlaufs ... 44

9 Der Reaktionsausschlag als Indikator der Signalstärke ... 47

10 Gemeinsames Rutengehen ... 51

Teil 3: Hintergründe ... 54

11 Wissenschaftliche Experimente ... 54

12 Wünschelrute und Archäologie ... 58

13 Die Geschichte der Wünschelrute ... 62

14 Außergewöhnliche Leistungen ... 71

Anhang: Einige Tipps bei „Störungen“ ... 76

Anleitung zum Bau von Wünschelruten ... 77

1 *Eine Illustration aus dem Buch „De Re Metallica" [1556] von Georgius Agricola*

Einleitung

Eigentlich hat jeder von uns schon einmal von den Menschen gehört, die mit Hilfe einer Wünschelrute oder einer frisch geschnittenen Astgabel eines Haselstrauches Wasser aufspüren können. Im Gegensatz zu der weitverbreiteten Ansicht, dass „Muten“ eine geheimnisvolle Kunst ist, die nur wenige speziell Begabte beherrschen, kann jeder mit einer Wünschelrute Wasser aufspüren! Alles, was man braucht, ist etwas Konzentrationsfähigkeit und eine gewisse Übung in der Handhabung des Instruments.

In diesem Buch wird beschrieben, wie man selbst Wasser – und andere im Boden verborgene Dinge – mit Hilfe verschiedener Techniken aufspüren kann. Damit der Leser sofort beginnen kann, sind einige Wünschelruten-Instrumente zum Selbstbau in einer Bauanleitung auf den Seiten 77/78 beschrieben; damit lässt sich die in diesem Buch ausgeführte Theorie direkt in die Praxis umsetzen.

Das Buch ist in drei Teile gegliedert, wobei im ersten Teil die wichtigsten Wünschelrutentechniken in der Praxis beschrieben werden; im zweitenTeil werden spezielle Anwendungen und Techniken behandelt, während im dritten Teil die allgemeinen Hintergründe des Wünschelrutenphänomens, wissenschaftliche Experimente und besondere Anwendungsmöglichkeiten besprochen werden.

Bei dem Wort „Wünschelrute" denkt man in der Regel an die bekannte Astgabel aus biegsamem Holz. Auf vielen Darstellungen von Wünschelrutengängern sieht man in der Tat Menschen mit diesem klassischen Instrument in Aktion, wie z.B. auf Abb. 1, einer Illustration aus dem Buch „De re Metallica" (1556) von G. Agricola. Dieses Buch ist eine klassische Abhandlung über das Berg- und Hüttenwesen, in der neben den technischen Aspekten des Fachgebiets auch dem Aufspüren von Erzadern mit Hilfe einer Wünschelrute einiger Raum gewidmet ist. Durch die Jahrhunderte hin hat dieses Gerät im Bergbau eine bedeutende Rolle gespielt. Die bekannteste Anwendung der Wünschelrute ist jedoch das Aufspüren unterirdischer Wasseradern, um Brunnen bohren zu können (z.B. zur Bewässerung). Dabei spricht das Instrument auf mehr oder weniger dicht unter der Oberfläche vorhandenes Grundwasser an.

Nach dem gleichen Prinzip ist es auch möglich, unterirdische (Wasser-)Leitungen zu lokalisieren. Dies kann manchmal mühsames Graben ersparen oder verhindern, dass vorhandene Leitungen durch Erdarbeiten beschädigt werden.

Außer Erzadern und Wasserleitungen kann der Wünschelrutengänger jedoch auch andere unter der Erde befindliche Dinge entdecken. So weiß man z.B., dass in China schon vor Jahrhunderten die Wünschelrute zur Ermittlung eines günstigen Bauplatzes für ein Haus benutzt wurde, und in jüngerer Zeit wurden bei den amerikanischen und englischen Streitkräften Wünschelruten zum Aufspüren von Landminen eingesetzt.

Bei der Lektüre dieses Buchs wird sich zeigen, dass es noch eine ganze Fülle weiterer Anwendungsmöglichkeiten für die Wünschelrute gibt!

Wie bereits erwähnt, gehören zur Wünschelruten-Ausrüstung einige Gegenstände (siehe Bauanleitung auf S. 77/78), mit denen es möglich sein wird, schon beim Lesen des ersten Teils „an die Arbeit“ zu gehen. Man muss also nicht erst das ganze Buch gelesen haben. Im Gegenteil: Wir empfehlen dem Leser, bei der Behandlung eines bestimmten Instruments gleich damit zu „spielen“ und es auszuprobieren. Dann kann es nicht geschehen, dass das Wünschelrutengehen eine abstrakte, theoretische Angelegenheit bleibt: Sinn der Instrumente ist es ja gerade, „im Felde“ gebraucht zu werden.

Bei den Bauanleitungen findet sich außerdem das Schnittmuster für Markierungsfähnchen. Im ersten Teil des Buchs wird beschrieben, wie dieses Zubehör gebraucht wird. Neben den L-förmigen Stäben und der V-Rute werden noch einige andere Instrumente behandelt, die einfach selbst herzustellen sind.

Da die Praxis gezeigt hat, dass Anfänger das „Wünscheln“ am leichtesten mit den Metallstäben lernen, beginnt der erste Teil „Grundtechniken“ mit der Stäbetechnik. Die Anweisungen sind ganz einfach, und wenn man der Anleitung Schritt für Schritt folgt, kann es keine Probleme geben. Es sind auch einige Grundübungen enthalten, damit sich bestimmte Elemente der Technik gut einprägen. Wir empfehlen eindringlich, diese Übungen wirklich auszuführen, damit man mit diesem relativ einfach zu handhabenden Instrument rasch ein Gespür für die Wünschelrutenreaktionen bekommt. Dies ist wichtig für die anderen Wünschelrutentechniken, die anschließend besprochen werden; einige dieser Techniken sind etwas diffizil und verlangen eine gewisse Grunderfahrung mit einfacheren Techniken.

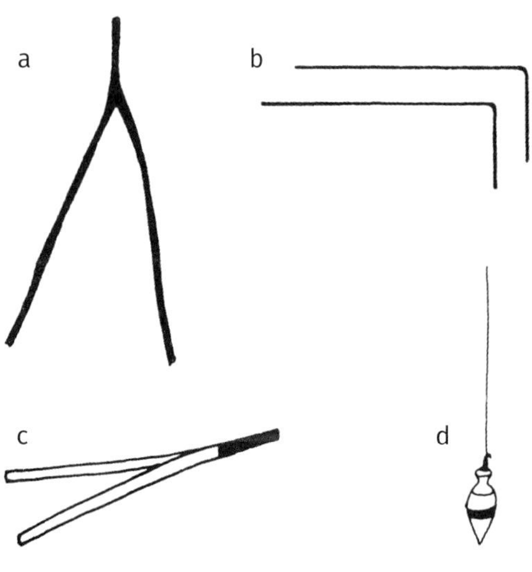

2
Die vier wichtigsten Instrumente zum Rutengehen: (a) die klassische Astgabel (Gabelzweig); (b) die zwei L-förmigen Metallstäbe; (c) die V-Rute und (d) das Pendel.

Daran anschließend wird die sogenannte V-Rute (Abb. 2c) besprochen. Dieses Instrument besteht aus zwei Streifen eines federnden Materials (z.B. Fischbein), die an einem Ende miteinander verbunden sind. Diese Wünschelrute spricht etwas träger an als die Metallstäbe; wenn man jedoch die Stäbe-Technik gut beherrscht, kann man auch bald mit der V-Rute arbeiten. Nach der Behandlung dieser beiden Instrumente setzen wir uns mit zwei anderen Techniken auseinander, nämlich mit der klassischen Astgabel (Abb. 2a) und dem Pendel (Abb. 2d). Die Instrumente können Sie selbst herstellen; dies ist anhand der gegebenen Anleitungen keine Schwierigkeit. Vervollständigt wird die Besprechung der Spürtechniken durch eine kurze Erwähnung einiger weniger bekannter Wünschelruten-Typen, die ebenfalls einfach selbst herzustellen sind.

Obwohl die beschriebenen Instrumente grundsätzlich gleichwertig sind und die gleichen Entdeckungsmöglichkeiten bieten, gibt es doch einige Unterschiede. Diese beziehen sich auf eine unterschiedliche Empfindlichkeit für bestimmte Signale, den Handhabungskomfort und ähnliches. Das bedeutet, dass einige Rutentypen für bestimmte Aufgaben besser geeignet sind als andere. Hinzu kommt noch der persönliche Faktor: Manche Rutengänger haben eine ausgesprochene Vorliebe für ein bestimmtes Instrument und erzielen damit ungewöhnlich gute Ergebnisse, während andere wiederum auf ein anderes Instrument schwören. Hierauf wird jedoch noch näher eingegangen.

Im zweiten Teil des Buches wenden wir uns mehr den speziellen Techniken und Anwendungen der Wünschelrute zu. Die meisten Menschen glauben, dass die Wünschelrute (und andere mit ihr verwandte Instrumente) nur zum Auffinden unterirdischer Wasserläufe und Quellen geeignet ist, jedoch ist dies nur ein kleiner Ausschnitt aus dem breiten Spektrum der Möglichkeiten. Vor einigen Jahrhunderten gebrauchte man die Wünschelrute, wie bereits erwähnt, für das Aufsuchen von Erzadern, wie der Holzschnitt aus Agricolas Buch (Abb. 1) zeigt. Wenn man einmal selbst mit den Wünschelruten-Instrumenten arbeitet, stellt man fest, dass diese auch auf viele andere „Signale" ansprechen. In Kapitel 6 findet sich eine Übersicht über die verschiedenen Anwendungsmöglichkeiten des Rutengehens.

Das darauffolgende Kapitel ist einem sehr wichtigen Element der Spürtechnik gewidmet, nämlich der Systematik des Suchens. Es ist klar, dass man für das Orten einer unterirdischen Wasserleitung in einem weitläufigen Gebiet auf eine systematische Spürtechnik angewiesen ist, die ein langwieriges und ermüdendes Suchen vermeiden hilft.

Um die Anwendungsmöglichkeiten der verschiedenen Instrumente zu erweitern, werden anschließend in den Kapiteln 8 und 9 einige besondere Techniken vorgestellt. Mit ihnen ist es z.B. möglich, die Tiefe eines zu findenden Gegenstandes genau zu bestimmen oder die Richtung festzustellen, in der eine bestimmte unterirdische Leitung verläuft. Der zweite Teil des Buches schließt ab mit einem Kapitel „Gemeinsames Rutengehen“, in dem einige Übungen und Experimente besprochen werden, die man zu zweit oder zu mehreren ausführen kann. Eine sehr reizvolle Sache sind Rutengänger-Wettbewerbe, wofür Hinweise zur Organisation und Durchführung gegeben werden.

Der dritte Teil des Buches befasst sich mehr mit den allgemeinen Hintergründen des Wünschelruten-Phänomens. Ein höchst interessanter Punkt ist das Verhältnis der Wissenschaft zum Ruten- Phänomen; es gibt zwar verschiedene Hypothesen über die physikalischen Ursachen des Phänomens, jedoch bis heute keine schlüssige Erklärung. Es wurden verschiedentlich Studien durchgeführt, um an Hand von Hypothesen dem Wünschelruten-Phänomen zu Leibe zu rücken, jedoch war in vielen Fällen das Versuchsergebnis unklar oder nicht eindeutig, häufig als Folge eines ungeeigneten Versuchsansatzes. Im letzten Teil dieses Buches widmen wir uns daher auch diesem Problem und geben einige Vorschläge zur Durchführung objektiver Experimente. Ein sehr interessantes Anwendungsgebiet der Wünschelrutentechnik ist die Archäologie. Vor allem in Großbritannien haben Rutengänger festgestellt, dass ihr Instrument in der Nähe prähistorischer Objekte wie Grabhügel, Steinkreise und Menhire eine deutliche Reaktion zeigte. Solche archäologischen Monumente gibt es auch in anderen Teilen Westeuropas, jedoch wurden unseres Wissens außerhalb Großbritanniens auf diesem Gebiet noch keine systematischen Wünschelruten-Untersuchungen vorgenommen. In Deutschland, Dänemark und Frankreich sowie in den Niederlanden und Belgien gibt es noch eine große Zahl Hünengräber und Grabhügel aus der Stein-, Bronze- und Eisenzeit, und hier eröffnet sich noch ein weites Betätigungsfeld für Rutengänger. Um dem Leser auch einen Überblick über die Geschichte der Wünschelrute und ihrer Entwicklung im Laufe der Jahrhunderte zu geben, wurde im dritten Teil des Buches auch dieser Gegenstand kurz behandelt. Das letzte Kapitel stellt spektakuläre Leistungen von Rutengängern vor, die diese mit ihren Instrumenten erzielt (oder angeblich erzielt) haben, und enthält neben echten Leistungen auch etwas „Rutengänger-Latein“.

Für den interessierten Leser, der sich vielleicht noch mehr in die Hintergründe, die Geschichte und die Anwendungen der Wünschelrute vertiefen möchte, wurde im letzten Teil des Buchs eine kleine Bibliographie aufgenommen.

Die Autoren hoffen, dass beim Lesen des Buches der Funke der Begeisterung überspringen möge und dass das Rutengehen für den Leser eine ebenso inspirierende Beschäftigung sein möge wie für die Autoren selbst. Viel Erfolg!

Noch ein Hinweis:
Fertigen Sie sich Ihre L-Ruten und V-Ruten am besten vor Beginn der Lektüre der entsprechenden Kapitel über die Handhabung an, dann können Sie während des Lesens gleich praktische Übungen durchführen.

Teil 1 : Grundtechniken

Der Rutengänger kennt neben der allgemein bekannten Astgabel verschiedene Typen von Instrumenten. Diese unterscheiden sich nicht nur in ihrer Form und Wirkung, sondern auch hinsichtlich der Empfindlichkeit für bestimmte "Signale“ und damit auch ihrer Anwendbarkeit für bestimmte Aufgaben. Wegen dieser unterschiedlichen Empfindlichkeit empfiehlt es sich, als Anfänger nicht gleich mit dem schwierigsten Instrument zu beginnen. Wie auf anderen Gebieten auch, ist es besser, zunächst mit etwas Einfachem zu beginnen und allmählich durch die gesammelten Erfahrungen die Fertigkeiten zu verbessern, bis man sich an Schwierigeres wagen kann.

Aus diesem Grund beginnen wir hier auch mit zwei Wünschelruten-Typen, die an die Empfindlichkeit desjenigen, der mit ihnen arbeitet, keine allzu hohen Anforderungen stellen: die sogenannten L-Stäbe und die V-Rute. Diese beiden Instrumente sollten Sie sich nach der Bauanleitung auf S. 77 selbst herstellen, so dass Sie sie bereits bei der Lektüre zur Hand nehmen und mit ihnen üben können. Der erste Teil des Buchs ist eine Art Lehrgang, eine Art Gebrauchsanweisung für die Instrumente. Für jedes Instrument wird die Technik Schritt für Schritt erklärt. Außerdem werden spezielle Übungen für den Umgang mit den Instrumenten und für die Entwicklung eines Gespürs für diese beschrieben. Wir weisen dringend darauf hin, dass diese Übungen, wie einfach oder unsinnig sie auch scheinen mögen, unbedingt selbst ausgeführt werden müssen; erst durch das Üben bekommt man ein Gefühl für das jeweilige Instrument, und dies ist die Grundvoraussetzung für die erfolgreiche Anwendung der Wünschelrutentechnik im Feld.

Außer den beiden genannten Wünschelrutentypen wird auch die Astgabeltechnik beschrieben. Ein solcher Zweig muss aus sehr elastischem Material sein und wird vorzugsweise kurz vor dem Gebrauch aus einem hierfür geeigneten Strauch geschnitten. Das Problem ist nämlich, dass eine solche „natürliche“ Wünschelrute schnell austrocknet, wodurch die Elastizität stark abnimmt und das Instrument unbrauchbar wird. Sich eine solche Rute herzustellen ist nicht schwierig, und wir werden erläutern, wie dies am einfachsten geht. Etwas ganz anderes ist das Pendel.

Auch dieses Instrument muss selbst hergestellt werden, jedoch ist dies anhand der gegebenen Anleitung kein Problem. Zwar ist das Pendel hinsichtlich der Ausführung von den übrigen besprochenen Instrumenten völlig verschieden, doch bietet es mehr oder weniger die gleichen Möglichkeiten. Ein Problem ist allerdings, dass es von demjenigen, der es hält, einige Erfahrung und Geschicklichkeit verlangt, d.h. es ist ein relativ „schwieriges“ Instrument. Ein Anfänger kommt in der Regel nicht so leicht mit dem Pendel zurecht, und deshalb empfehlen wir, erst dann mit der Pendeltechnik zu beginnen, wenn man die anderen Wünschelrutentechniken vollständig beherrscht.

Um die Liste der Instrumente zu vervollständigen, folgt schließlich noch eine kurze Beschreibung anderer, weniger bekannter Wünschelrutentypen.

Wie schon gesagt: Wenn man bei jedem Instrument Schritt für Schritt die angegebenen Anleitungen befolgt und die dazugehörigen Übungen macht, wird man recht schnell gute Ergebnisse erzielen. Vielleicht gelingt es nicht gleich beim ersten Mal, eine bestimmte Übung gut auszuführen oder mit dem Instrument eine „Reaktion“ zu erreichen; lassen Sie sich jedoch nicht so leicht entmutigen, sondern versuchen Sie es nach einer kurzen Pause noch einmal. Dann wird es sicher gelingen.

1 Die Metallstäbe

Die am einfachsten zu erlernende Wünschelrutentechnik ist diejenige, bei der wir mit zwei L-förmig gebogenen Metallstäben arbeiten. Grundsätzlich können diese Stäbe aus verschiedenen Metallen hergestellt werden, jedoch zeigt die Erfahrung, dass man mit Kupferlegierungen die besten Resultate erzielt. Stellen Sie sich also nach Anleitung auf S. 77 zwei solcher L-Ruten her (dargestellt in Abb. 3) und es wird sich zeigen, dass sie selbst in den unerfahrenen Händen des Anfängers nach einiger Übung schon recht schnell gute Ergebnisse liefern.

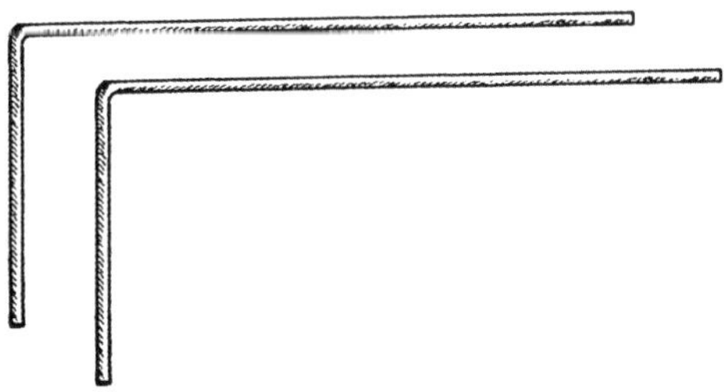

3 *Die Metallstäbe*

Wie hält man sie fest?

Der wichtigste Teil der Wünschelrutentechnik ist das Halten des Instruments. Abb. 4 zeigt, wie dies zu geschehen hat: Man nimmt in jede Hand einen Stab und schließt die Finger locker um das kurze Ende des L-förmigen Stabs, so dass dieser frei in der Hand beweglich bleibt. Die Finger müssen gewissermaßen ein Rohr bilden, das das kurze Ende des L's aufnimmt. Wichtig ist, dass der Daumen nicht auf dem Stab liegen darf; legen Sie ihn wie in Abb. 4 gezeigt über den Zeige- und Mittelfinger.

Halten Sie die Stäbe mit bloßen Händen fest (d.h. keine Handschuhe!) und achten Sie darauf, dass sie trocken sind. Bevor Sie nun in Aktion treten, nehmen Sie die Anfangshaltung ein: Lassen Sie beide Arme locker am Körper nach unten hängen, so dass das lange Ende des L's zum Boden weist, und entspannen Sie sich vollkommen. Heben Sie nun beide Unterarme langsam

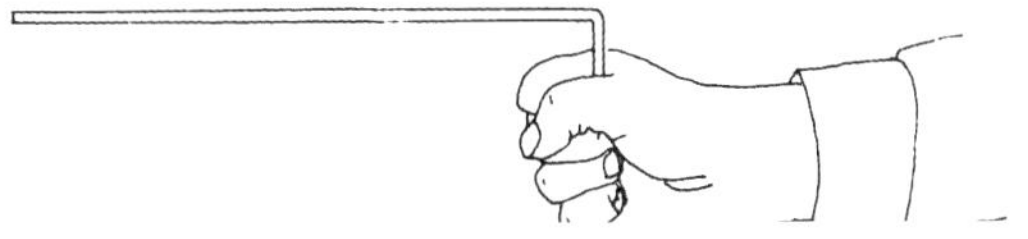

4 *Das Festhalten eines Metallstabs.*

an, bis sie horizontal nach vorne zeigen. Die Hände müssen so weit voneinander getrennt sein, dass die Unterarme mehr oder weniger parallel liegen. Wichtig ist insbesondere, dass die Oberarme senkrecht stehen, wie in Abb. 5 angegeben, d.h. dass Sie mit den Unterarmen einen rechten Winkel bilden. Versuchen Sie sich möglichst weitgehend zu entspannen, und vermeiden Sie jegliche verkrampfte Haltung.

Nun kommt das Schwierigste: Obwohl Sie die Stäbe locker in Händen halten, müssen Sie doch versuchen, sie (ohne sie festzuklemmen) stabil in der neutralen Position zu halten, d.h. parallel zueinander und gerade nach vorne zeigend. Es ist wichtig, diese Ausgangsposition gut zu üben

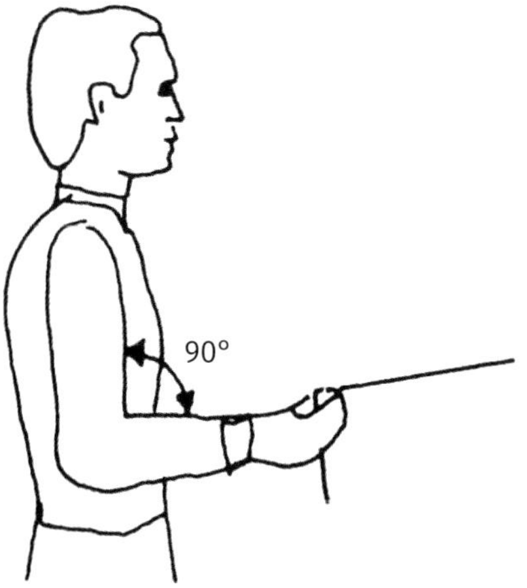

5

Die entspannte Haltung bei der Handhabung der L-förmigen Stäbe: Die Oberarme senkrecht, während die Unterarme waagerecht nach vorne weisen.

und das Gespür dafür zu entwickeln, wie man durch leichtes Verdrehen des Handgelenks mit den Händen korrigieren kann, um die neutrale Position beizubehalten. Versuchen Sie dies auch einmal, wenn Sie langsam nach vorne gehen. Üben Sie erst bei sich zu Hause und später, wenn Sie eine gewisse Übung haben, auch im Freien. Sie werden bald herausgefunden haben, wie Sie durch kleinste Drehungen des Handgelenks die störenden Einflüsse (wie z.B. Wind und Schwankungen durch das Vorwärtsschreiten) ausgleichen können. Wenn es nach mehreren Versuchen nicht gelingen will, die Stäbe in der neutralen Position zu halten, lassen Sie die Unterarme wieder locker am Körper herabhängen (Anfangshaltung) und beginnen nach einer kleinen Weile von neuem. Um es zu wiederholen: Klammern Sie die Finger nicht krampfhaft um die Stäbe - sie müssen locker in der neutralen Position gehalten werden. Um das Üben dieses Abschnitts zu erleichtern, kann man mit zwei zylindrischen Halterungen arbeiten, in die man die kurzen Enden der Stäbe steckt. Hierfür eignet sich z.B. ein dünnes Plastikröhrchen mit einem Innendurchmesser von höchstens 0,5 cm; man kann sich aber eine solche Halterung auch aus zwei Garnspulen herstellen, die man aufeinander klebt. Nehmen Sie nun in jede Hand eine solche Halterung, stecken jeweils ein Wünschelrutenstäbchen hinein und nehmen Sie wieder die gleiche Haltung ein wie in Abb. 5; versuchen Sie dann, die Stäbchen in der neutralen Stellung zu halten. Sie merken jetzt, dass sich die Stäbchen viel freier bewegen und dass es nicht mehr möglich ist, mit den Fingern zu korrigieren.

Üben Sie nun mit diesen Haltern so lange, bis Sie das Korrigieren „im Handgelenk" haben. Versuchen Sie es anschließend wieder ohne die Halterungen, d.h. mit bloßen Händen.

Das Aufspüren einer Wasserleitung

Bevor wir uns auf die Suche nach unbekannten Leitungen oder Quellen machen, ist es vernünftig, zunächst mit einer einfachen Situation zu beginnen, wobei man die (Wasser-)Leitung kennt. Praktisch unter jeder Straße verläuft ein Abwasserkanal und/oder eine Trinkwasserleitung mit Abzweigungen zu den an der Straße liegenden Häusern. Versuchen wir daher zunächst, ob wir mit unserer Wünschelrute den Verlauf einer solchen Leitung feststellen können. Dies geschieht am besten auf dem Gehsteig vor unserem Haus oder auf einem ruhigen Parkplatz (praktisch auf jedem Parkgelände ist zur guten Entwässerung ein unterirdischer Kanal angelegt).

Nehmen Sie die Stäbe zur Hand und gehen Sie nach dem bereits beschriebenen Verfahren vor. Bringen Sie die Wünschelrute, von der Anfangshaltung ausgehend, in die neutrale Stellung. Wenn man die Stäbe unter Kontrolle hat, kann das Rutengehen beginnen: Gehen Sie ganz langsam geradeaus. Gehen Sie vor allem nicht zu schnell, sondern machen Sie etwa zwei Schritte in vier bis fünf Sekunden. Nach einigem Üben stellt man einen Ausschlag fest, wenn man über eine Wasserleitung oder ein Kanalrohr geht: Die Stäbe drehen sich beim Gehen langsam aufeinander zu und können sich sogar kreuzen, wenn das Signal stark genug ist (siehe Abb. 6). Sie werden fühlen, dass dies vollkommen von selbst geschieht, und Sie spüren in Ihren Händen, dass die Stäbe ohne Ihr Zutun durch eine unbekannte Kraft aufeinander zugedreht werden.

Möglicherweise gelingt es nicht gleich beim ersten Mal, ein solches Signal zu bekommen. Machen Sie dann einfach einen neuen Versuch: Bringen Sie die Stäbe aus der Anfangshaltung in

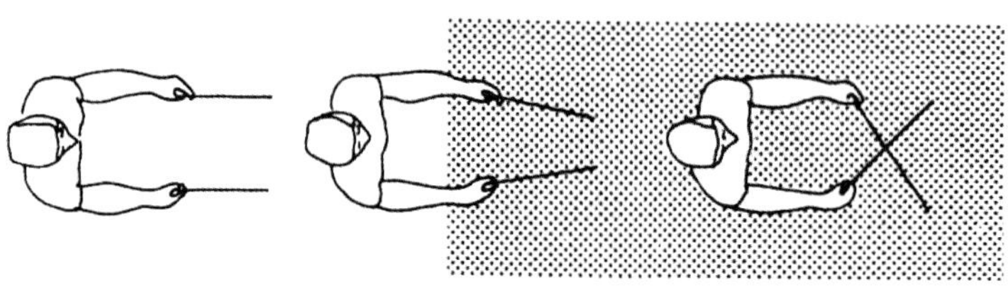

6
Über einer Wasserleitung kreuzen sich die Stäbe.

die neutrale Position, und beginnen Sie wieder langsam zu gehen.

Wenn Sie ganz entspannt sind und sich vollkommen auf die Wünschelrute konzentrieren, muss es gelingen! Wenn Sie ganz sicher sein wollen, dass eine Wasserleitung vorhanden ist, suchen Sie am besten auf einem ruhigen Parkplatz einen Kanaldeckel und gehen in einem Radius von etwa 3 m langsam um diesen herum (siehe Abb. 7). Dabei müssen Sie mindestens einmal über eine Leitung kommen. In diesem Stadium empfiehlt es sich, beim Abschreiten einer neuen Runde nicht gerade dort zu beginnen, wo man soeben ein Signal empfangen hat; gehen Sie besser ein paar Schritt zurück und beginnen dann (wieder aus der Anfangshaltung) von neuem. Wenn Sie als relativ ungeübter Rutengänger mit noch gekreuzten Stäben die Ausschlagstelle überqueren, wird wahrscheinlich nichts geschehen: Die Stäbe werden unbeweglich in dieser gekreuzten Position bleiben. Beginnen Sie daher stets in der neutralen Grundhaltung, in der die Stäbe parallel zueinander nach vorne weisen. Für den etwas erfahreneren Rutengänger gibt es einige Varianten zu dieser Technik, die wir jedoch erst im Kapitel „Höhere Techniken“ (Teil II) behandeln werden.

Die Stelle, an der Sie ein Signal empfangen haben, können Sie z.B. mit einem Kieselstein markieren. Gehen Sie anschließend mit der Wünschelrute (wieder aus der Anfangshaltung) in einem weiten Kreis mit einem Durchmesser von etwa 5 m um diesen Punkt, und Sie werden wahrscheinlich zweimal den gleichen Ausschlag bekommen. Wenn Sie diese Stelle wiederum mit einem Stein markieren, bekommen Sie bereits eine Vorstellung, wie die Leitung verlaufen wird.

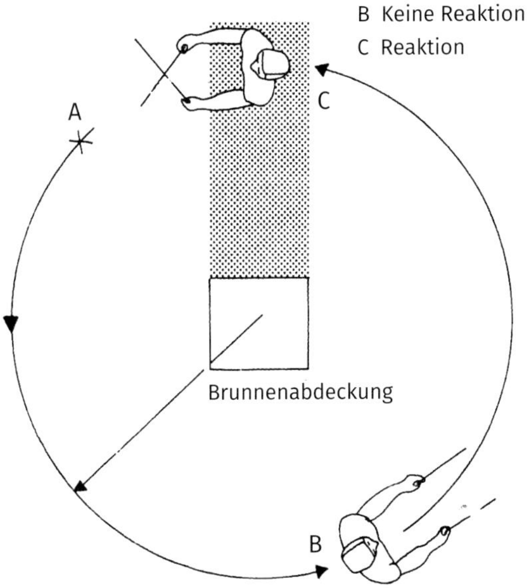

7

Indem man in einem weiten Kreis um einen Brunnen herumgeht, kann man eine unterirdische Entwässerungsleitung aufspüren.

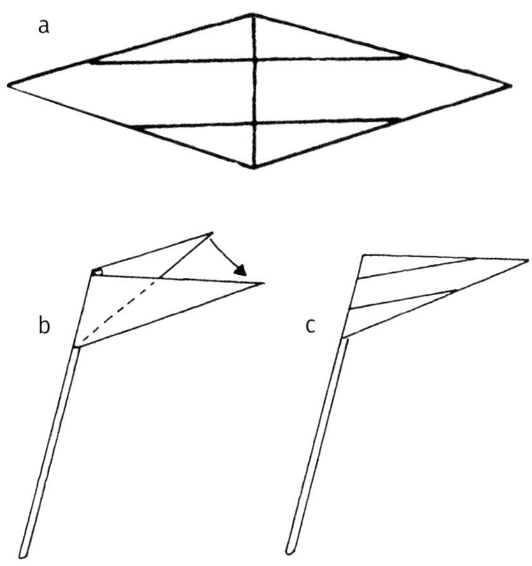

8

Nehmen Sie ein dünnes, nicht zu kurzes Holzstöckchen (ein hölzerner Schaschlikspieß ist hierfür ideal). Falten Sie farbigen Zeichenkarton zusammen und schneiden Sie ein „Fähnchen“ wie im Bild aus. Falten Sie den zugeschnittenen Karton auseinander, legen Sie das Stöckchen in die Mitte, bestreichen Sie den Karton mit Kleber und drücken Sie die beiden Kartonteile wieder aufeinander.

Stöckchen kleben

Wenn man jedoch auf unregelmäßig bewachsenem Gelände (z.B. auf einer Wiese) arbeitet, markiert man die Stellen, an denen die Stäbe eine Reaktion zeigen, besser mit einem auffälligeren Zeichen, z.B. mit Markierungsfähnchen aus stabilem Papier, die an dünnen Metallstäben oder Holzstöckchen befestigt sind (Abb. 8).

Durch eine auffällige Papierfarbe (z.B. rot oder orange) sind diese Fähnchen auch aus größerer Entfernung noch gut zu sehen, so dass der Verlauf der Leitung deutlich sichtbar wird.

Eine interessante Übung ist das Verfolgen einer unterirdischen Wasser- und sonstigen Leitung: Man geht dabei in einer weiten Zickzacklinie langsam in der Richtung, in der man den Verlauf der Leitung vermutet. Wenn in einem bestimmten Moment die Reaktion ausbleibt, macht die Leitung kurz davor vermutlich einen scharfen Knick. In diesem Fall geht man wieder etwas zurück und versucht erneut, den Verlauf der Leitung festzustellen. Wenn man an dieser Stelle in einer etwas engeren Zickzacklinie weitergeht, wird man bald feststellen, wo sich die Biegung befindet. Dies ist eine reizvolle und gleichzeitig nützliche Übung, mit der man die erworbene Technik weiterentwickeln und verfeinern kann. Man wird feststellen, dass längst nicht alle Leitungen schnurgerade verlaufen!

Die Empfindlichkeit der Stäbe

Man kann die Empfindlichkeit der Stäbe weitgehend mit den eigenen Händen regeln. Beim Üben werden Sie festgestellt haben, dass die Stäbe leicht wippen oder sich verdrehen, wenn man sie ganz lose in den Händen hält; sie sprechen dann auf allerlei Störungen unterschiedlicher Art an, ob dies nun das Schwanken der Handgelenke beim Gehen oder Windeinwirkungen oder echte Signale sind. Man macht die Wünschelrute weniger anfällig für Störungen, indem man die Finger etwas fester um die Stäbe schließt oder auch den Daumen leicht oben auf die langen Enden legt. An den Stäben wirkt dann eine höhere Reibung, und sie drehen sich weniger leicht.

Eine andere Möglichkeit, die Stäbe etwas unempfindlicher gegenüber unerwünschten Störungen zu machen, besteht darin, sie um einen kleinen Winkel nach vorne zu neigen. Die Schwerkraft bewirkt dann eine gewisse Stabilisierung der neutralen Position, und Störeffekte werden dabei in gewissem Maße unterdrückt. Es ist klar, dass die Stäbe bei der „unempfindlicheren" Haltung (leicht eingeklemmt und in einem kleinen Winkel nach unten geneigt) nicht nur auf die unerwünschten Störungen, die Sie vermeiden wollen, weniger gut ansprechen, sondern auch auf die schwachen Signale, die Sie gerade aufspüren wollen. Man muss daher immer eine Art Kompromiss schließen zwischen der Empfindlichkeit für die „echten" Signale und der Unempfindlichkeit für die Störsignale. Und dieser Kompromiss hängt sehr von den Umständen „im Felde" ab: Wenn man bei windigem Wetter auf offenem Gelände arbeitet, ist eine etwas unempfindlichere neutrale Position notwendig als wenn man bei windstillem Wetter auf dem Gehsteig vor dem Haus arbeitet. Es versteht sich von selbst, dass man bei sehr schlechtem Wetter, wenn die Störsignale stärker sind als die zu messenden Signale, die Wünschelrute besser zu Hause lässt.

Sie werden vielleicht festgestellt haben, dass die Stäbe, auch wenn Sie sie stets in der gleichen Weise festhalten, an bestimmten Stellen stärker ausschlagen als an anderen. Dies liegt daran, dass der Ausschlag stark von der Signalstärke abhängt; er ist z.B. viel größer, wenn die gefundene Leitung dichter unter der Oberfläche liegt. Außerdem senden nicht alle Leitungen ein gleich starkes Signal aus. Probieren Sie dies selbst einmal aus.

Um die Stärke des Signals besser abschätzen zu können, ist es praktisch, die waagerechten Enden der beiden Stäbe mit einer Art Skala zu versehen (Abb. 9). Dazu können selbstklebende, ca. 5 cm breite Streifen waagerecht (siehe Abb. 9a) am besten im Abstand von 5 cm um die Metallstäbe gewickelt werden, um eine lineare Skala zu erhalten (Abb. 9b). Hierzu eignen sich z.B. Abschnitte von Paketklebeband; diese wickelt man, wie in Abb. 9 a angegeben, um die beiden waagerechten Enden der Stäbe. Da die Klebestreifen 5 cm breit sind, klebt man sie am besten im Abstand von 5 cm auf, um eine lineare Skala zu bekommen (siehe Abb. 9 b). Damit die Signalstärke richtig abgelesen wird, müssen bei den Versuchen beide Hände stets im gleichen Abstand voneinander gehalten werden. Ein geeignetes Maß hierfür ist die Länge der Stäbe.

Dies bedeutet vielleicht, dass Ihre Unterarme nicht mehr genau parallel liegen, jedoch ist dies nicht schlimm. Wichtig ist dagegen, dass die Stäbe parallel nach vorne zeigen, wenn Sie zu gehen beginnen. Wenn das Signal ausreichend stark ist, drehen sich die Stäbchen so weit aufeinander zu, dass sie sich kreuzen, und die Lage dieses Schnittpunktes lässt sich nun mit Hilfe der angebrachten Skala als Zahl ausdrücken. In Abb. 9 c befindet sich z.B. der Schnittpunkt in einem Abstand von 1,5 Skalenteilen oder „Einheiten“- von den Enden. Wenn das Signal schwach ist und die Stäbe sich zwar aufeinander zudrehen, aber nicht kreuzen, muss man die Hände etwas näher zusammenbringen (aber dann natürlich bei jenem Abstand bleiben, z.B. einer halben Stablänge). Versuchen Sie einmal, mit dieser Technik herauszufinden, welche Leitungen die stärksten Signale aussenden. Es empfiehlt sich manchmal auch, die Ergebnisse aufzuzeichnen: Notieren Sie neben dem genauen Ort, an dem Sie ein Signal wahrnehmen, auch die Stärke der Stabreaktion. Bei dem bereits erwähnten „Verfolgen“ einer Leitung treten manchmal Schwankungen der Signalstärke auf; dies kann auf Abzweigungen zurückzuführen sein (so dass die Durchflussmenge nicht überall gleich ist), jedoch kann die Signalstärke auch deshalb schwanken, weil die Leitung unterschiedlich tief liegt. Die Signalstärke muss nicht einmal an einem bestimmten Platz konstant sein und kann dort von Tag zu Tag, ja sogar stündlich wechseln. Dies kann unterschiedliche

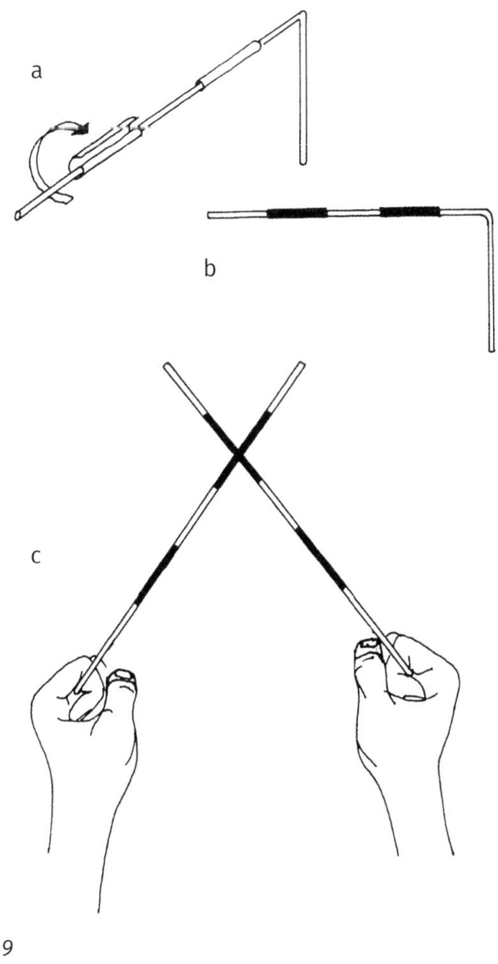

9

Werden 5 cm breite Klebestreifen im Abstand von jeweils 5 cm um die Metallstäbe gewickelt (a), erhält man eine Skala (b) mit der Skaleneinheit 5 cm. Bei (c) beträgt der Reaktionsausschlag etwa 1,5 Einheiten.

Ursachen haben, deren wichtigste Schwankungen die unterirdischen Strömungsverhältnisse und wechselnde Witterungseinflüsse sind. Versuchen Sie einmal selbst, einen Zusammenhang zwischen der festgestellten Signalstärke und diesen Faktoren herzustellen.

Das Maß der Verdrehung der Stäbe (bzw. die registrierte Signalstärke) bei einem bestimmten Objekt ist von Mensch zu Mensch unterschiedlich: Der eine stellt z.B. einen Ausschlag von drei Einheiten fest, während jemand anders an genau der gleichen Stelle nur eine Signalstärke von 1,5 Einheiten ermittelt. Diese Unterschiede haben ihre Ursache in der Empfindlichkeit und der Erfahrung desjenigen, der die Wünschelrute hält: Ein erfahrener Rutengänger kann auch noch schwächste Signale wahrnehmen. Es gibt sogar Menschen, die mit bloßen Händen, d.h. ohne die Hilfe der Stäbe, Wasserleitungen aufspüren können. Unnötig zu sagen, dass hierfür eine außerordentliche Empfindlichkeit erforderlich ist, die erst nach jahrelangem Training erreicht wird.

Wenn Sie selbst etwas mehr Gefühl für die Wünschelrute entwickelt haben, können Sie manchmal, vor allem an Stellen, an denen Sie ein starkes Signal empfangen, ein leichtes Prickeln in den Händen spüren. An manchen Stellen erhält man sogar ganz schwache elektrische Schläge!

2 Die V-Rute

Ein anderes Instrument, das keine besonders hohen Anforderungen an die Erfahrung des Rutengängers stellt, ist die in Abb. 10 gezeigte sogenannte V-Rute. Sie besteht aus zwei Streifen federnden Materials, die an einem Ende fest miteinander verbunden sind.

Früher wurden solche Ruten u.a. aus Fischbein hergestellt, während heute auch andere Materialien (z.B. Kunststoff) verwendet werden. So mancher erfahrene Rutengänger zieht ein Instrument vor, das aus gewalztem Federstahl hergestellt ist. Da es bei der Handhabung einen relativ hohen Kraftaufwand erfordert, kommt es am Anfang nicht selten zu einer Verkrampfung der Hand- und Armmuskulatur; die Folge ist, dass die Wünschelrute nicht einwandfrei funktioniert und die Ergebnisse unzuverlässig sind. Das bedeutet, dass ein solches Instrument für Menschen, die sich erst mit dem Rutengehen vertraut machen, ungeeignet ist. Deshalb arbeiten wir lieber mit dem von Ihnen nach der Bauanleitung auf S. 78 selbst hergestellten Instrument, das erheblich einfacher handzuhaben ist.

10 Die V-Rute

Handhabung

Das Festhalten der V-Rute erfordert einiges Gefühl und Geschick, das man sich mit etwas Üben jedoch leicht erwirbt. Das Prinzip dieser Wünschelrute beruht auf der Erzeugung einer gewissen Biegespannung, durch die das Instrument in einen labilen Gleichgewichtszustand gebracht wird. Bei einer geringen Störung jeglicher Art wird das Instrument dann plötzlich aus dieser labilen Lage ausgelenkt. Im Grunde kommt es also bei der Haltetechnik darauf an, die Wünschelrute genau in dieser labilen Lage zu halten. Diese Lage nennen wir den neutralen Zustand des Instruments. Es empfiehlt sich, erst die in Kapitel 1 besprochene Stäbetechnik sich ganz anzueignen, um dann, wenn man anschließend mit dieser Wünschelrute Reaktionen erhält, nachprüfen zu können, ob diese Reaktionen „echt" sind, d.h.

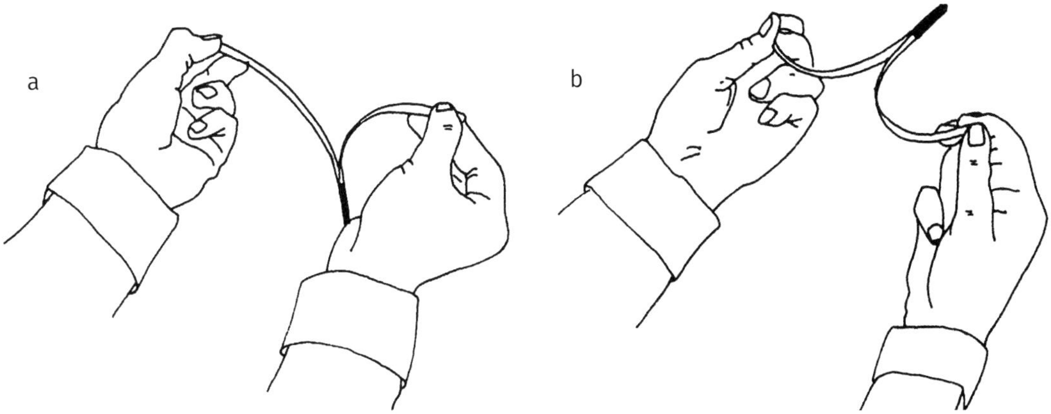

11

a) Die Anfangshaltung, bei der die Wünschelrute nach unten zeigt.

b) Die neutrale Arbeitsposition, bei der die Spitze der V-Rute nach vorne zeigt.

ob die Wünschelrute in Ihren Händen zuverlässig arbeitet.

Nehmen Sie zunächst die Anfangshaltung ein: Halten Sie die V-Rute, wie in Abb. 11a gezeigt, mit beiden Händen so fest, dass die Spitze des Instruments zum Boden weist, während Sie die leicht auseinandergezogenen freien Enden zwischen Daumen und Zeige- und Mittelfinger jeder Hand festhalten. Ringfinger und kleiner Finger werden hierfür nicht benötigt und werden am besten leicht nach innen gekrümmt, wie aus der Abbildung gut ersichtlich ist. Wenn Sie das Instrument in dieser Weise festhalten, müssen Sie etwa die gleiche entspannte Haltung einnehmen wie bei der Stäbetechnik, d.h. die Arme etwa so zu einem L abgewinkelt, dass die Unterarme waagerecht nach vorne weisen. Entspannen ist unbedingt erforderlich.

Nun kommt der entscheidende Schritt: Aus dieser Anfangshaltung erzeugen Sie am Instrument eine Biegespannung, indem Sie langsam beide Hände aus den Handgelenken nach innen drehen, so dass die Spitze der Wünschelrute sich langsam nach vorne biegt. Drehen Sie die Enden so weit nach außen, dass die Spitze etwa waagerecht nach vorne (von Ihrem Körper weg) zeigt. Halten Sie beide Enden mit Daumen und Fingern gut fest. Sie werden merken, dass hierfür ein nicht unerheblicher Kraftaufwand erforderlich ist, da die Spannung der Wünschelrute relativ hoch ist. Vielleicht spüren Sie jetzt schon, dass es einige Mühe kostet, das Instrument waagerecht zu halten: Die Spitze neigt dazu, nach unten oder oben wegzuschnellen. Nun kommt es gerade darauf an, das Instrument so unter Spannung zu halten, dass es trotz der Tendenz der Spitze, wegzuschnellen, in diesem labilen Gleichgewichtszustand bleibt. Dies ist eine Frage der Geschicklichkeit, die man sich jedoch einfach durch Üben und Probieren erwirbt. Die Spannung in der Wünschelrute kann mit Hilfe beider Hände variiert werden. Dies ist schematisch in Abb. 12 dargestellt: Wenn man die Hände aufeinander zu bewegt (1), nimmt die Spannung zu, während sie

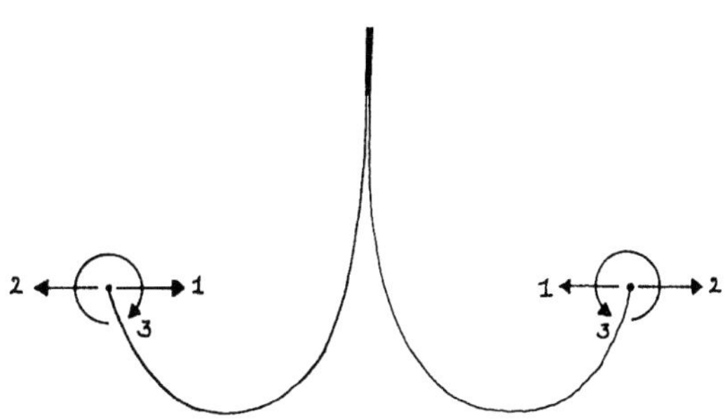

12

Die Empfindlichkeit der V-Rute kann eingestellt werden, indem man die Spannungsverhältnisse im Instrument variiert.

beim Auseinanderbewegen (2) abnimmt. Die Biegespannung kann auch dadurch vergrößert werden, dass man die freien Enden des Instruments, wie in Abb. 12 gezeigt, etwas nach vorne biegt (3).

Versuchen Sie nun, durch Kombination von (1) und (3) eine möglichst hohe Biegespannung in der Wünschelrute zu erzeugen, wobei jedoch die Spitze stets nach vorne weisen und gerade noch im Gleichgewicht bleiben muss. Die Haltung ist dann richtig, wenn die Rute sofort nach oben oder unten wegschnellt, wenn man ganz leicht gegen die Spitze tippt. Wenn dies nicht geschieht, dann ist die Haltung noch nicht korrekt. Beginnen Sie dann einfach von neuem aus der Anfangshaltung (Abb. 11 a) und halten Sie sich genau an die gegebenen Anweisungen. Wenn sich bei dieser Übung die Finger verkrampfen (und dies ist am Anfang ganz normal), entspannen Sie sich einen Augenblick, indem Sie die Arme locker am Körper herabhängen lassen. Warten Sie einige Minuten, und beginnen Sie dann wieder von vorne.
Es ist, wie bereits gesagt, eine etwas diffizile Angelegenheit, die Wünschelrute in den labilen Gleichgewichtszustand zu bringen (und in diesem Zustand zu halten!), und man braucht dafür eine gewisse Fertigkeit, die man nur durch viel Üben und Probieren erlangt. Sie haben also zu tun...

Wenn es Ihnen einmal gelingt, im Sitzen oder Stehen die Wünschelrute einigermaßen in der neutralen Stellung zu halten, können Sie versuchen, die folgende Übung zu machen. Stellen oder setzen Sie sich auf einen hohen Stuhl, und bringen Sie die Wünschelrute in die „neutrale Position".

Drehen Sie dann den Oberkörper abwechselnd nach links und nach rechts, ohne jedoch die Haltung der Arme relativ zu den Schultern zu verändern. Vielleicht wird die Spitze der Wünschelrute dann infolge kleiner Bewegungen der Hände relativ zueinander wegschnellen. Dies müssen Sie jedoch gerade verhindern. Üben Sie deshalb so lange, bis Sie das Instrument auch während dieser Körperdrehungen vollkommen beherrscht im labilen Gleichgewichtszustand halten können.

Erst wenn dies vollständig gelingt, gehen Sie zur nächsten Übung über. Stellen Sie sich aufrecht hin, und bringen Sie die Wünschelrute langsam aus der Anfangshaltung (Abb. 11 a) in die neutrale Position (Abb. 11 b). Halten Sie sie unter Kontrolle, indem Sie die Spannung gegebenenfalls mit beiden Händen korrigieren (Abb. 12). Gehen Sie dann mit einer Geschwindigkeit von etwa zwei Schritten in vier bis fünf Sekunden nach vorne und versuchen Sie, das Instrument auch während des Gehens ständig unter Kontrolle zu haben. Möglicherweise gelingt dies nicht gleich beim ersten Mal. Verlieren Sie jedoch den Mut nicht und üben Sie so lange, bis es doch gelingt. Ihre Finger müssen diese Fertigkeit einfach erlangen.

Die Reaktion

Wenden wir die erworbenen Fertigkeiten nun einmal in der Praxis an. Bringen Sie, von der Anfangshaltung ausgehend, die Wünschelrute in die neutrale Position, halten Sie sie sorgfältig im labilen Gleichgewicht, und beginnen Sie dann, mit kleinen Schritten langsam nach vorne zu gehen. Es kann geschehen, dass die Spitze der Rute an einem bestimmten Punkt plötzlich nach oben oder unten springt, obwohl Sie das Gefühl hatten, das Instrument unter Kontrolle zu haben.

Gehen Sie dann einige Schritte zurück und beginnen Sie wieder von neuem. Wenn die Wünschelrute an genau der gleichen Stelle wieder anspricht, haben Sie wahrscheinlich ein Signal auf gefangen: Die Wünschelrute wird an dieser Stelle durch einen geringfügigen „Anstoß" aus dem labilen Gleichgewichtszustand gebracht. Dem Anfänger ist in diesem Stadium unbedingt anzuraten, die Echtheit der Wünschelrutenreaktion zu überprüfen. Gehen Sie daher mehrmals, auch aus anderen Richtungen, auf die bewusste Stelle zu, und achten Sie genau darauf, ob die Wünschelrute stets diese Reaktion zeigt.

Wenn das Instrument jedes Mal an der gleichen Stelle ausschlägt, ist es möglich, dass hier tatsächlich eine unterirdische Wasserleitung oder etwas Ähnliches verläuft. Kontrollieren Sie dies mit der in Kapitel I behandelten Stäbetechnik, die Sie bereits beherrschen: Gehen Sie mit den Stäben ebenfalls aus unterschiedlichen Richtungen über den bewussten Punkt, und stellen Sie fest, ob in der Tat ein Signal vorhanden ist. In dieser Weise können Sie mit einer Technik, die Sie bereits beherrschen, sehr gut prüfen, ob die V-Rute zuverlässig anspricht.

Es kann natürlich auch geschehen, dass Sie die Wünschelrute so gut unter Kontrolle haben, d.h. dass Sie sie so festhalten, dass sie sich kaum mehr bewegen kann (der Gleichgewichtszustand ist dann eher stabil als labil), weshalb dann überhaupt keine Reaktionen mehr auftreten. In diesem Fall empfiehlt es sich, erst mit Hilfe der Metallstäbe einen Ort aufzusuchen, an dem z.B. eine unterirdische Wasserleitung verläuft und somit ein deutliches Signal vorhanden ist. Stellen Sie sich dann in einigen Metern Entfernung von dieser Stelle auf, und nehmen Sie die V-Rute zur Hand.

Bringen Sie das Instrument aus der Anfangshaltung allmählich in die neutrale Position, so dass die Spitze von Ihnen weg weist. Führen Sie die erforderlichen Korrekturen durch (siehe Abb. 12), damit das Instrument gut im labilen Gleichgewichtszustand bleibt. Gehen Sie dann ganz langsam in Richtung der Stelle, an der Sie mit der Stäbetechnik ein Signal gefunden haben.

Wenn Sie die Anleitung genau befolgt haben und die Wünschelrute in korrekter Weise festhalten, müssen Sie hier eine Reaktion bekommen. Vielleicht ist diese Reaktion noch etwas unsicher, vielleicht auch einmal stärker und einmal schwächer. Das bedeutet, dass Sie die Wünschelrute noch nicht 100%ig unter Kontrolle haben; versuchen Sie dann, die Hände enger beisammen zu halten und/oder die Enden der Rute stärker nach vorne zu biegen (die Korrekturen (1) und (3) in Abb. 12), um die Empfindlichkeit des Instruments etwas zu vergrößern. Hier müssen Sie einfach ein wenig experimentieren und versuchen, mit den angegebenen Korrekturen die Biegespannung so einzustellen, dass die Wünschelrute die deutlichste Reaktion liefert. Damit sind wir beim nächsten Punkt angelangt, nämlich der Empfindlichkeit des Instrumentes.

Die Empfindlichkeit

Durch Herumprobieren mit dem Variieren der an die V-Rute angelegten Biegespannung (wie in Abb. 12 gezeigt) werden Sie entdecken, dass das Instrument bei einer bestimmten Handhabung stärker reagiert als bei anderen Arten des Festhaltens.

Grundsätzlich ist das Instrument umso empfindlicher, je größer die aufgebrachte Biegespannung ist. Dies erklärt sich aus dem physikalischen Prinzip, das der Wirkung dieser Wünschelrute zugrunde liegt: Wenn das Instrument im labilen Gleichgewichtszustand gehalten wird, besitzt es eine hohe potentielle Energie (in Form der Biegespannung), die jedoch durch eine beliebig kleine Störung spontan und praktisch vollständig in kinetische Energie (d.h. die Bewegung der Wünschelrute) umgewandelt wird. Man kann also die Wünschelrute als eine Art mechanischen Verstärker auffassen, der die geringste Störung des labilen Gleichgewichts sehr deutlich wahrnehmbar macht. Indem man nun die vorhandene potenzielle Energie in der Wünschelrute erhöht (d.h. durch Verstärkung der Biegespannung), schlägt die Wünschelrute heftiger aus, und man erhält damit eine deutlichere Reaktion.

Außer durch das Aufbringen einer größeren Spannung wird die Empfindlichkeit des Instruments auch dadurch verstärkt, dass man die Stabilität des Gleichgewichtszustands verringert. Dies erreicht man, indem man die Enden näher zusammenführt und sie gleichzeitig stärker nach vorne biegt (Korrekturen (1) und (3) gemäß Abb. 12). Hierdurch nimmt gleichzeitig die im Instrument vorhandene Spannung zu. Die Wünschelrute wird also umso empfindlicher, je labiler man den Gleichgewichtszustand macht und je mehr Biegespannung man gleichzeitig aufbringt.

Andere Arten des Festhaltens

Manche Rutengänger bevorzugen eine andere als die in Abb. 11 gezeigte Handhabung. Es gibt verschiedene Arten, die Rute zu halten, und diese sind in Abb. 13 gezeigt. Die bereits besprochene Handhabungsart nennen wir „von unten mit der

Spitze nach vorne"; diese ist in Abb. 13 a gezeigt. Eine einfache Variante hierzu ist die Handhabung von unten mit zum Körper weisender Spitze, wie in Abb. 13 b angegeben. Außerdem gibt es noch den Griff von oben, wobei die Handinnenflächen nach unten zeigen, mit den beiden Varianten der nach vorne (c) bzw. nach hinten (d) weisenden Spitze.

Experimentieren Sie mit diesen verschiedenen Arten des Festhaltens, und versuchen Sie herauszufinden, welcher Griff bei Ihnen die besten Ergebnisse liefert. Die Autoren bevorzugen (a) und (c), d.h. die Griffe, bei denen die Spitze des Instruments nach vorne zeigt; es ist jedoch ohne weiteres möglich, dass jemand anders mit den anderen Griffen mehr Erfolg hat. Dies muss jeder selbst herausfinden.

Abb. 13 zeigt noch einen fünften Griff (e), der sich von den Griffen (a) – (d) deutlich unterscheidet. Zwar weist die Spitze hierbei nach vorne, jedoch liegt im Gegensatz zu (a) und c) noch eine zusätzliche Torsionsspannung an der Wünschelrute an, die dadurch entsteht, dass die beiden elastischen Streifen noch zusätzlich einmal um ihre Längsachse verdreht werden. Dadurch bekommt die Wünschelrute eine leichte Krümmung nach oben. Achten Sie hierbei jedoch darauf, dass die Spitze dennoch wie bei (a) und (c) waagerecht nach vorne weist. Viele Rutengänger halten diese Art des Festhaltens für weniger erfolgversprechend, vermutlich deshalb, weil das Aufbringen einer zusätzlichen Torsionsspannung ziemlich ermüdend ist und es häufig zu einer Verkrampfung der Finger kommt. Letzteres kann man weitgehend verhindern, indem man an beiden Enden der Rute eine Verstärkungsscheibe anbringt. Diese Scheiben sollten einen Durch-

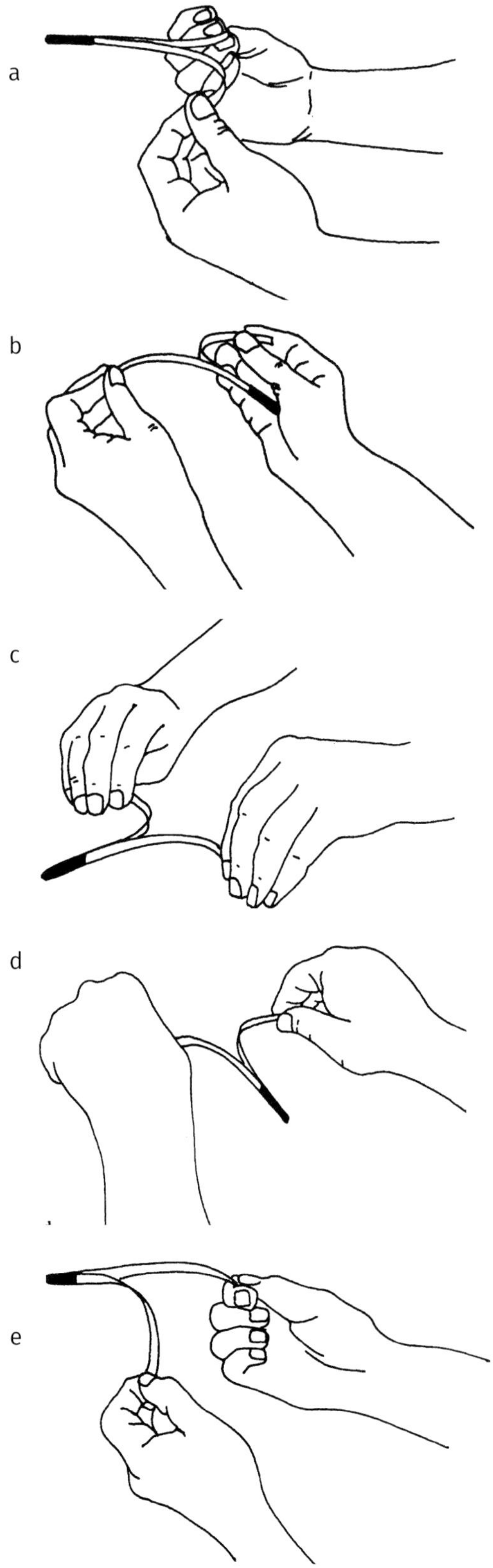

13 Möglichkeiten, die V-Rute festzuhalten:
a) Von unten, Spitze nach vorne;
b) Von unten, Spitze nach innen;
c) Von oben, Spitze nach vorne;
d) Von oben, Spitze nach innen;
e) Verdrillt, Spitze nach vorne.

messer von etwa zwei Zentimetern haben (zwei Knöpfe oder zwei Geldmünzen genügen vollkommen) und können leicht mit Zwei-Komponenten-Kleber befestigt werden (siehe Abb. 14). Mit Hilfe dieser Scheiben ist es viel einfacher, die zusätzliche Torsionsspannung aufzubringen: Halten Sie die Scheiben zwischen Daumen und Zeigefinger einer jeden Hand fest, und drehen Sie das Handgelenk etwas nach außen. Wenn Sie es richtig machen, krümmt sich die Wünschelrute, und die Spitze geht nach unten. Korrigieren Sie nun die Stellung der Spitze, indem Sie Ihre Hände etwas nach oben drehen - ohne jedoch die Verdrillung der Wünschelrutenenden zu verändern! - so dass die Spitze waagerecht nach vorne weist. Sie werden feststellen, dass es nunmehr viel weniger schwierig ist, das Instrument in dieser Weise zu halten.

Probieren Sie auch diese Griffvariante einmal aus, und prüfen Sie die Empfindlichkeit im Vergleich mit den vier bereits besprochenen Griffen. Genügend Auswahlmöglichkeiten haben Sie jetzt!

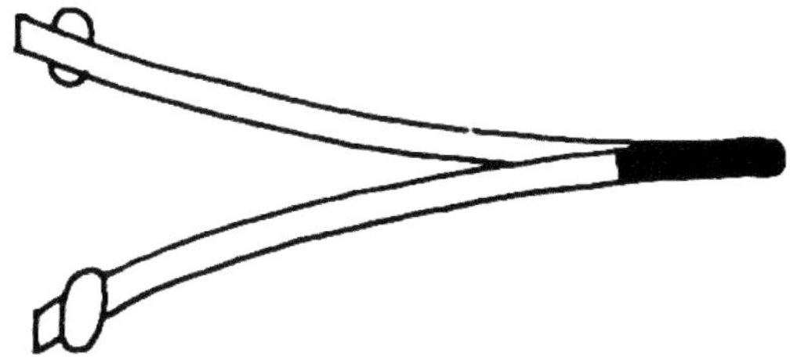

14
Zwei aufgeklebte Verstärkungen an den Enden erleichtern es, an der Wünschelrute eine Torsionsspannung zu erzeugen.

3 Der Gabelzweig

Die bekannteste Ausführungsform der Wünschelrute ist der Gabelzweig. Grundsätzlich kann man ein solches Instrument aus verschiedenen Holzarten herstellen, sofern es nur elastisch ist. Viele Rutengänger schwören auf Haselzweige, jedoch arbeiten Andere mit einer Astgabel, die aus einem beliebigen Strauch oder Baum geschnitten ist, nicht weniger gut (Zweige von Erle, Weißdorn, Forsythie oder Liguster haben sich in der Praxis ausgezeichnet bewährt).

Abb. 15 a zeigt, welche Teile eines Strauches für die Herstellung einer Wünschelrute geeignet sind. Nehmen Sie eine Astgabel vom jungen (ein- bis zweijährigen) Holz des Strauches, das genügend biegsam ist; schneiden Sie die Gabel dann mit einem scharfen Messer heraus (bei dickeren Zweigen geht es leichter mit einer Heckenschere). Es versteht sich von selbst, dass Sie hier vorsichtig zu Werke gehen und nicht unnötig die Hecke des Nachbarn ruinieren. In Abb. 15 b ist gezeigt, wie die Wünschelrute ungefähr aussehen soll: annähernd symmetrisch, d.h. mit zwei etwa gleich langen Enden. Die Maße können unterschiedlich sein, jedoch zeigt die Praxis, dass man mit etwa 30 cm langen und bis zu 1 cm dikken Zweigen am besten arbeiten kann. Versuchen Sie für den Anfang lieber einen etwas dünneren, weicheren Zweig zu finden, da das Arbeiten mit einem dickeren Ast für den angehenden Rutengänger doch ziemlich ermüdend ist. Andererseits sollte man auch keinen zu dünnen Zweig nehmen, da dieser vielleicht zu schwach und zu wenig elastisch ist. Achten Sie auch darauf, dass der Zweig an der Gabelung nicht beschädigt oder eingerissen ist, damit er an dieser Stelle, wenn die Spannung anliegt, nicht bricht. Für den optimalen Einsatz als Wünschelrute sollte der Zweig auch möglichst symmetrisch sein, um bei der Arbeit unnötige Korrekturen zu vermeiden. Nehmen Sie kein beschädigtes, krankes oder abgestorbenes Holz, und lassen Sie die Rinde am Zweig; die Rute funktioniert zwar auch ohne Rinde, jedoch kann man einen glatten feuchten Zweig nicht so gut festhalten. Außerdem schützt die Rinde den

Zweig vor zu schneller Austrocknung und damit vor dem frühzeitigen Verlust der Elastizität. Nebenzweige und Blätter sind mit einem scharfen Messer zu entfernen, bis die Wünschelrute etwa die in Abb. 15 b gezeigte Gestalt hat. Die Auswahl des Gabelzweigs sollte mit großer Sorgfalt geschehen, damit man nicht ein unempfindliches und damit weniger gut funktionierendes Instrument in Händen hält. Wenn es in der Nähe keine ausgewachsenen Sträucher gibt, aus denen man eine solche Wünschelrute schneiden kann (oder darf!), kann man sich auch mit einem kleineren Modell mit Zweigen von etwa 10 cm Länge und 3 mm Dicke behelfen. Ein solches Instrument liefert weniger zuverlässige Resultate, kann aber zur Not doch gute Dienste leisten.

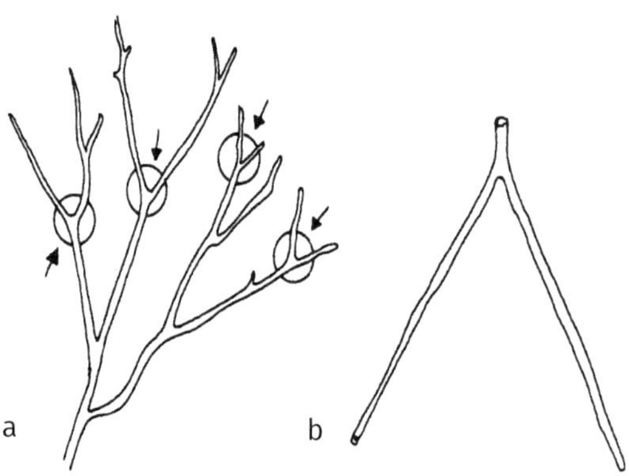

15

a) Die Pfeile geben an, aus welchen Teilen eines Strauches oder Baumes man eine Wünschelrute schneiden kann;

b) So sollte der Zweig etwa aussehen.

Das Festhalten

Zum richtigen Festhalten des Zweiges muss man sich eine gewisse Geschicklichkeit erwerben – mehr noch als bei den Metallstäben und der V-Rute. Es empfiehlt sich daher, die Rutentechnik zuerst mit den bereits besprochenen Instrumenten zur Perfektion zu entwickeln, damit man am Anfang leicht kontrollieren kann, ob die Signale, die man mit dem Gabelzweig empfängt, wirklich zuverlässig sind. Wenn man etwas Erfahrung gesammelt hat, wird man feststellen, dass diese drei Techniken hinsichtlich der Genauigkeit gleichwertig sind.

Wie bei der V-Rute beruht das Prinzip dieser Wünschelrute auf dem Anlegen einer kleinen Biegespannung, durch die das Instrument in einen instabilen Gleichgewichtszustand gebracht wird. Dies lässt sich auf verschiedene Art erreichen. Abb. 16 zeigt den einfachsten Griff: Halten Sie beide Enden des Gabelzweigs so in der locker geschlossenen Faust, dass die Spitze waagerecht nach vorne zeigt (dies ist die Anfangshaltung). Die Wünschelrute wird also horizontal gehalten, ebenso die Hände, deren Ballen nach oben weisen. Entspannen Sie sich, und konzentrieren Sie sich auf das Instrument. Erzeugen Sie nun im Gabelzweig eine Biegespannung, indem Sie die Fäuste ganz langsam in der durch die Pfeile angegebenen Richtung aufeinander zu drehen. Diese Drehbewegung muss aus dem Handgelenk kommen und darf insbesondere nicht mit krampf-

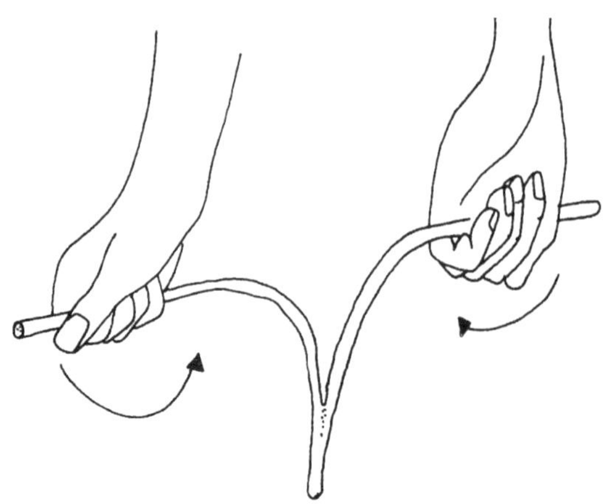

16

Handhabung des Gabelzweigs. Die Pfeile geben an, in welcher Richtung die Hände gedreht werden müssen, um an der Wünschelrute eine Spannung zu erzeugen.

hafter Anstrengung erfolgen. Wenn Sie es richtig machen, fühlen Sie, dass die Wünschelrute unter einer starken Spannung steht: Beim geringsten Antippen der nach vorne weisenden Spitze oder bei der kleinsten Bewegung eines Handgelenks schnellt der Zweig sofort nach oben oder unten. Sie können auch noch Korrekturen anbringen, indem Sie den Abstand zwischen den Händen geringfügig verändern. Nehmen Sie sich die Zeit, dies auszuprobieren! Ein wesentlicher Unterschied zu der in Kapitel 2 behandelten V-Rute besteht darin, dass der Umgang mit dem Gabelzweig sehr viel mehr Kraft erfordert. Deshalb hält man hier auch beide Enden mit allen Fingern fest. Bevor Sie Wasser oder etwas Ähnliches auffinden können, müssen Sie erst das Gespür dafür entwickeln, wie Sie den unter Spannung befindlichen Zweig in Ihren Händen (in der sog. neutralen Stellung) halten können. Üben Sie deshalb so lange, bis Sie diesen Teil gut beherrschen.

Die Reaktion der Wünschelrute

Zum Aufspüren unterirdischer Wasserleitungen usw. geht man wie folgt vor: Erzeugen Sie aus einer entspannten Anfangshaltung eine Biegespannung am Zweig, indem Sie die Fäuste, wie in Abb. 16 gezeigt, etwas nach innen drehen. Wenn Sie die Wünschelrute in dieser neutralen Stellung (unter Spannung, aber doch im Gleichgewicht) gut unter Kontrolle haben, gehen Sie langsam nach vorne, mit der gleichen Geschwindigkeit wie bei den in Kapitel 1 und 2 besprochenen Techniken. An den Stellen, an denen die bisher benutzten Instrumente einen Ausschlag zeigten, werden Sie feststellen, dass die nach vorne weisende Spitze des Gabelzweigs plötzlich wegschnellt – meist nach oben, bei manchen Stellen jedoch auch nach unten. Dieses Wegschnellen kann recht häufig sein; seien Sie daher vorsichtig, wenn Sie mit einem größeren Zweig arbeiten, damit die Spitze der Wünschelrute nicht in Ihr Gesicht schlägt!

Obwohl Sie den Zweig also anders festhalten, arbeitet dieses Instrument genauso wie die im vorigen Kapitel besprochene V-Rute. Alle dort gegebenen Anleitungen und Anweisungen für das Regeln der Empfindlichkeit (d.h. Variieren der Biegespannung, wie schematisch in Abb. 12 dargestellt) können Sie daher im Großen und Ganzen auch auf den Gabelzweig anwenden. Wenn Ihnen die Technik mit der V-Rute keine Schwierigkeiten mehr macht, dürfte auch das Arbeiten mit einem Gabelzweig höchst wahrscheinlich kein Problem mehr sein.

Wie bereits erwähnt, können Sie, wenn Sie keinen größeren Zweig auftreiben, auch eine kleine Rute mit einer Zweiglänge von etwa 10 cm und 3 mm Dicke nehmen. Ein solches kleines Instrument kann man natürlich nicht mit der ganzen Faust festhalten. In diesem Fall hält man die Enden wie bei der V-Rute mit Daumen und Zeigefinger so fest, dass die Spitze wieder nach vorne zeigt. Man erzeugt am Zweig eine Biegespannung, indem man die Enden ein wenig verdreht und weiter nach dem oben beschriebenen Verfahren oder vielleicht besser noch wie in Kapitel 2 für die V-Rute beschrieben verfährt. Diese Kleinst-Wünschelrute arbeitet etwas subtiler als der größere Zweig, und es ist daher einige Übung erforderlich.

Empfindlichkeit der Wünschelrute

Wie bei den bereits besprochenen Techniken hängt die Empfindlichkeit dieser Wünschelrute in hohem Maße von der Erfahrung desjenigen ab, der sie handhabt. Die Empfindlichkeit für Signale hängt jedoch auch ganz wesentlich von der ausgeübten Biegespannung ab, d.h. also von der Haltetechnik. Indem man einerseits den neutralen Gleichgewichtszustand so labil wie möglich macht und andererseits eine möglichst große Biegespannung aufwendet (siehe Abb. 12), erzielt man eine größtmögliche Empfindlichkeit, und der Ast wird bei der kleinsten Störung unverzüglich – und sehr kräftig – ausschlagen. Durch Korrigieren mit den Händen kann die Empfindlichkeit daher an die herrschenden Umstände angepasst werden (windiges Wetter erfordert z. B., wie bereits erwähnt, eine etwas unempfindlichere Einstellung als Windstille). Diese Seite der

Empfindlichkeit bestimmt der Rutengänger also ganz alleine!

Ein anderer wichtiger Faktor, der die Empfindlichkeit des Instruments beeinflusst, ist die natürliche Elastizität des Zweiges: Man wird feststellen, dass die Wünschelrute am besten funktioniert, wenn man sie aus geschmeidigem, biegsamem Holz schneidet. Das eine Material ist etwas elastischer als das andere; versuchen Sie einmal herauszufinden, welches Material in Ihren Händen die beste Reaktion liefert. Ein Nachteil dieser aus natürlichem Material geschnittenen Wünschelrute ist der, dass ihre Empfindlichkeit durch Austrocknung rasch abnimmt – die meisten Zweige verlieren innerhalb weniger Tage ihre Elastizität und taugen dann nicht mehr als Wünschelrute. Die Schnelligkeit, mit der die Austrocknung erfolgt, hängt vom Holz ab, aus dem die Wünschelrute geschnitten ist, aber auch von der Dicke des Astes (dünnere Zweige trocknen schneller aus als dickere). Es versteht sich von selbst, dass der Zweig auch schneller seine natürliche Biegsamkeit verliert, wenn man ihn nach dem Gebrauch in der Sonne liegen lässt; dann ist er innerhalb weniger Stunden nicht mehr als Wünschelrute zu gebrauchen. Deshalb sollte man auch eine hölzerne Wünschelrute möglichst feucht aufbewahren, z.B. in nasse Tücher gewikkelt oder in einem Wasserbehälter.

4 Das Pendel

Ein anderes häufig benutztes Instrument zum Aufspüren von Wasser und ähnlichem ist das sogenannte Pendel. Ein solches Pendel ist eigentlich nichts anderes als ein Gewicht an einer Schnur. Für dieses Gewicht gelten keine bestimmten Vorschriften, und es gibt daher auch Pendel in den verschiedensten Formen und Ausführungen. Man kann ein solches Pendel leicht selbst herstellen. Zunächst muss jedoch eine Warnung ausgesprochen werden: Wie bereits erwähnt, ist das Pendel ein relativ schwieriges Instrument, d.h. ein Instrument, mit dem man nicht so einfach Resultate erzielt wie z.B. mit den L-förmigen Stäben oder der V-Rute.

Weil eben das Pendel ein so schwieriges Instrument ist, sollte man hiermit erst beginnen, wenn man die bisher bereits behandelten Techniken gut beherrscht, so dass man mit Hilfe dieser Techniken kontrollieren kann, ob die Pendelreaktionen zuverlässig sind. Mehr noch als bei den bereits besprochenen Techniken gilt hier: Nehmen Sie sich unbedingt Zeit, um den Umgang mit dem Pendel zu erlernen, seien Sie geduldig und lassen Sie sich nicht entmutigen, wenn es nicht sofort gelingt!

Die Herstellung eines Pendels

Das Pendel besteht aus zwei Teilen: einer Schnur und einem Pendelgewicht. Die Schnur muss geschmeidig und flexibel sein und sollte daher möglichst nicht zu dick sein. Ein dünner Woll- oder Baumwollfaden, ein Stückchen Drachenschnur oder – besser noch – eine Angelschnur eignen sich hervorragend. Man nimmt am besten eine Länge von 40 cm. Für das Pendelgewicht gelten keine besonderen Forderungen, jedoch haben sich eher längliche Gegenstände mit glatter Oberfläche in der Praxis als vorteilhaft erwiesen. Im Prinzip eignet sich jedes Material, und es gibt daher auch Pendel aus Holz, Metall, Glas oder sogar Kunststoff. Letzterer wird von einigen Pendlern abgelehnt, jedoch ist dies eine ganz persönliche Angelegenheit. Die allereinfachste Art, Pendel herzustellen, ist die Verwendung einer hölzernen Garnspule als Gewicht. Man nimmt die Pendelschnur und knotet an einem Ende ein Streichholz fest. Dieses steckt man durch die Garnspule und zieht die Schnur wieder hoch, so dass die Spule auf dem Streichholz aufliegt (siehe Abb. 17a). So haben Sie ganz schnell ein richtiges Pendel!

a

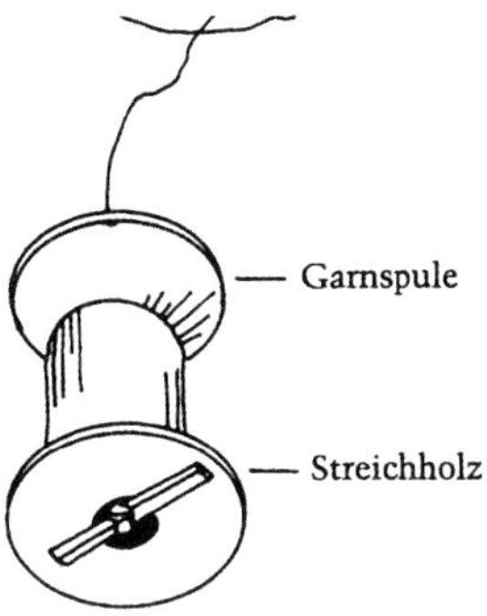

b

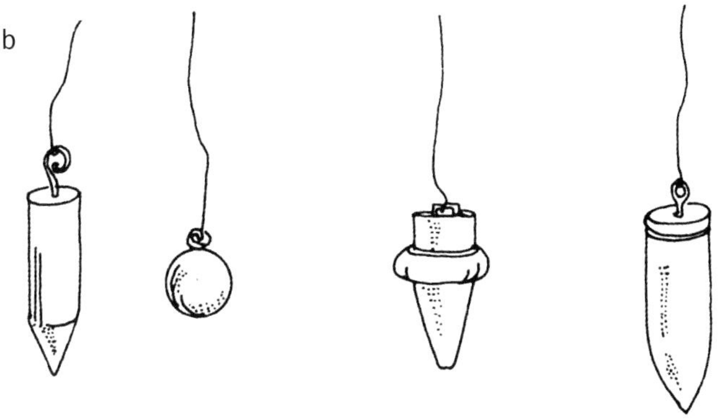

17
a) Aus einer Garnspule und einem Stückchen Schnur kann man sich ganz leicht ein Pendel herstellen.

b) Weitere Ausführungsformen von Pendeln.

Es gibt jedoch noch viele andere Ausführungen: Man kann das Pendelgewicht aus Holz oder Metall drehen (lassen) und ihm eine Gestalt nach eigener Wahl geben. Beim Entwerfen der Form kann man seiner Kreativität freien Lauf lassen, und um eine Vorstellung von den möglichen Variationen zu geben, sind in Abb. 17b einige Ausführungsformen des Pendels dargestellt. Man sollte lediglich darauf achten, dass das Pendel nicht zu schwer wird (dies führt nur dazu, dass man beim Hantieren damit sehr schnell ermüdet) und außerdem auch nicht zu lang ist: Ein zu langes Pendelgewicht führt beim Pendeln zusätzlich noch Eigenschwingungen aus, und dies muss vermieden werden. Einige routinierte Pendler ziehen Pendelgewichte mit spitz auslaufendem Ende vor. Ein solches spitzes Pendel ist in der Tat für „feinere" Arbeiten notwendig, jedoch ist dies in diesem Stadium für uns noch nicht so wichtig. Wenn Sie es schwierig finden, selbst ein Pendel herzustellen, können Sie auch versuchen, bereits vorhandene Gegenstände von geeigneter Form als Pendelgewicht zu verwenden. So ist z.B. das Senkblei, das Zimmerleute und Tapezierer benutzen, als Pendel sehr gut geeignet. Sie werden sicher etwas Geeignetes finden.

Das Festhalten

Das Pendel muss, wie in Abb. 18 angegeben, festgehalten werden: Nehmen Sie die Schnur so zwischen Daumen und Zeigefinger der linken oder rechten Hand, dass die Schnur etwa 10 cm lang ist. Wickeln Sie das freie Ende der Schnur um die anderen Finger, um zu vermeiden, dass dieses lose Ende gegen das Pendel schlägt. Daumen und Zeigefinger bestimmen die effektive freie Länge des Pendels.

Wie bei den bereits besprochenen Techniken nehmen Sie eine entspannte Haltung ein, bevor Sie mit dem Pendeln beginnen: Lassen Sie beide Arme zunächst locker am Körper herabhängen. Führen Sie die Hand, die das Pendel hält, langsam nach vorne, so dass das Pendel in der Mitte vor Ihrem Körper hängt, wobei der Unterarm etwas waagerecht gehalten werden sollte. Der an-

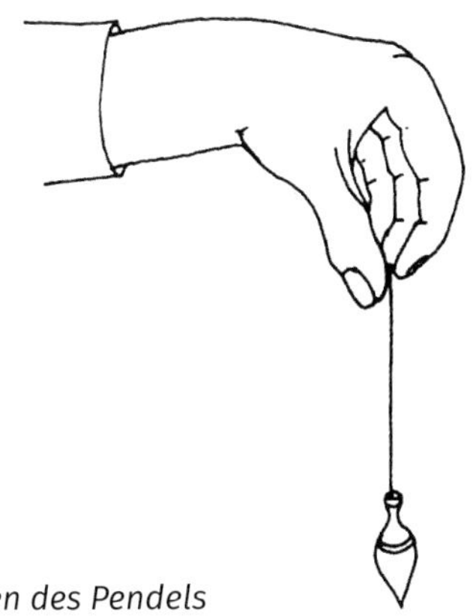

18 Das Festhalten des Pendels

dere Arm bleibt einfach lose am Körper hängen. Nun müssen Sie das Pendel durch eine geringfügige Armbewegung so zum Schwingen bringen, dass es in einer Ebene von Ihnen weg und auf Sie zu schwingt (das Pendelgewicht darf also keine Ellipse oder einen Kreis beschreiben). Sorgen Sie dafür, dass die Schwingungsebene stets senkrecht nach vorne gerichtet ist, auch wenn Sie nun langsam zu gehen beginnen. Diese Pendelbewegung ist der sogenannte neutrale Bewegungszustand des Pendels. Sie werden feststellen, dass Sie durch kleinste Korrekturen mit Ihrer Hand das Pendel stabil in diesem Bewegungszustand halten können. Üben Sie dies gründlich, denn das Beherrschen dieser Technik ist für das Folgende unerlässlich.

Die Reaktion des Pendels

Wenn man aus einer entspannten Anfangshaltung das Pendel in den neutralen Bewegungszustand gebracht hat, beginnt man langsam und vorsichtig geradeaus zu gehen. Sie werden feststellen, dass an Stellen, wo Sie mit den anderen Instrumenten eine Reaktion festgestellt haben, das Pendel aus seinem neutralen Bewegungszustand ausgelenkt wird und eine elliptische oder kreisförmige Bahn zu beschreiben beginnt (siehe Abb. 19). Diese Auslenkung (= die Reaktion) zeigt das Vorhandensein einer unterirdischen (Wasser-)Leitung, eine dicht unter der Erdoberfläche liegenden Grundwasserader oder etwas anderes an, das ein „Signal" hervorruft. Es kann auch geschehen, dass das Pendel weiter hin und her schwingt, während sich die Schwingungsebene dreht und nicht mehr gerade nach vorne zeigt. In der Hand eines erfahrenen Pendlers zeigt diese Drehung an, in welcher Richtung man weitergehen muss, um ein maximales Signal zu erhalten: Man bleibt hier kurz stehen, dreht sich in Richtung der Schwingungsebene, bringt das Pendel wieder in den neutralen Bewegungszustand und geht dann wieder langsam geradeaus. Sie bekommen dann mit Sicherheit nach wenigen Schritten ein starkes Signal.

Die Empfindlichkeit des Pendels

Die Empfindlichkeit des Pendels kann man anpassen, indem man das Pendelgewicht und/oder die wirksame Länge der Schnur verändert. Wenn man etwa bei windigem Wetter ein unregelmäßig bewachsenes, unebenes Gelände untersuchen will, empfiehlt es sich, die Stabilität des Pendels zu vergrößern, indem man ein etwas schwereres Gewicht oder eine größere Schnurlänge nimmt; das Pendel schwingt dann zwar etwas langsamer, ist aber weniger anfällig für Störeinflüsse wie Windböen und ähnliches.

Es ist nicht möglich, ein bestimmtes Pendelgewicht oder eine bestimmte Schnurlänge festzulegen, da beides in gewissem Maße vom jeweiligen Pendler (seiner Erfahrung und Empfindlichkeit für das Instrument), vom aufzuspürenden Gegenstand und den Umständen des Pendelns abhängt (im Haus oder im Freien, Witterungseinflüsse, ungleichmäßiger Gang durch Unebenheiten des Geländes). Versuchen Sie einmal, mit selbstgefertigten Pendeln mit unterschiedlichem Gewicht und aus unterschiedlichen Materialien zu pendeln, und verändern Sie auch einmal die Schnurlänge. Nach einigem Experimentieren werden Sie schnell herausgefunden haben, welche Schnurlänge bei Ihnen am besten zu einem bestimmten Pendel passt.

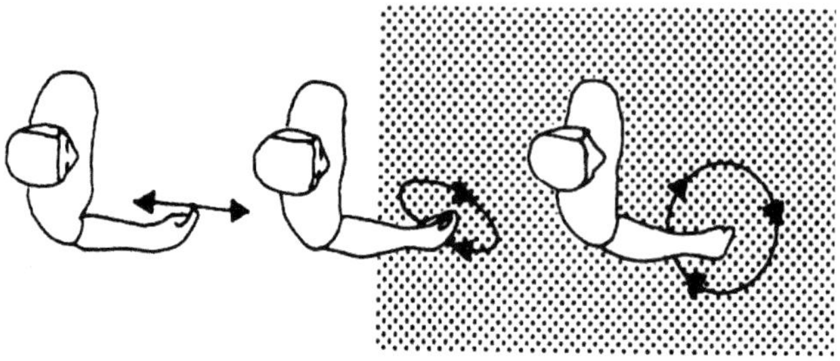

19
Über einer Wasserleitung beginnt das Pendel zu kreisen.

5 Einige andere Instrumente

In den vorangegangenen Kapiteln haben wir die wichtigsten Instrumente besprochen, mit denen alle Rutengänger arbeiten. Es gibt jedoch noch einige Instrumente, die vielleicht weniger bekannt sind, aber doch recht zuverlässig funktionieren können. Zwei von ihnen seien hier besprochen: die *Schleife* und die *Bogenrute.*

Die Schleife

Diese Ausführungsform der Wünschelrute besteht aus einem dünnen Streifen elastischen Materials von etwa 30 cm Länge. Man kann hierfür z.B. ein dünnes Stück Federstahl nehmen, aber auch ein dünner Zweig von 1 bis 2 mm Stärke eignet sich sehr gut. Allerdings muss das Material sehr geschmeidig sein, damit es beim Biegen nicht bricht. Dies ist wichtig, weil der Streifen wie in Abb. 20 a gezeigt zu einer Schleife gebogen werden muss. Halten Sie die Enden zwischen Daumen und Zeigefinger jeder Hand fest. Wenn das Material genügend geschmeidig ist, geht dies ohne Mühe, und Sie werden eine kleine Schleife erhalten, deren Gestalt man durch entsprechende Handbewegungen etwas verändern kann und die man von einer Hand zur anderen laufen lassen kann. Bei diesem Instrument kommt es nun darauf an, die Schleife in der Mitte, d.h. in gleichem Abstand von beiden Händen zu halten.

Ob die Schleife nach oben, nach unten, von Ihnen weg oder auf Sie zuweist, ist hier für die Wirkung unerheblich. Durch einiges Experimentieren werden Sie entdecken, dass bei einer bestimmten Handhaltung die Schleife in einen labilen Zustand gerät: Durch leichtes Antippen läuft die Schleife plötzlich nach links oder rechts, oder sie springt plötzlich um eine halbe oder eine Vierteldrehung nach oben oder unten. Wie bei den bereits erwähnten Instrumenten nennen wir dieses labile Gleichgewicht den neutralen Zustand dieser Schleifen-Wünschelrute. Wenn es Ihnen gelingt, das Instrument auch während des Gehens in diesem Zustand zu halten, werden Sie feststellen, dass die Schleife nur an Stellen, an denen Sie mit anderen Techniken ebenfalls ein Signal erhalten haben, wegspringt oder wegrollt (die Reaktion). Die Empfindlichkeit kann verändert werden, indem man die Hände aufeinander zu oder voneinander wegbewegt. Außerdem kann durch eine zusätzliche Torsionsspannung, d.h. Verdrehen der Hände aus dem Handgelenk in entgegengesetzter Richtung, die Empfindlichkeit für bestimmte Signale beträchtlich gesteigert werden.

Die Bogenrute

Ein anderes, älteres Wünschelruteninstrument, das der Schleifen-Wünschelrute sowohl hinsichtlich der Ausführung als auch der Wirkung sehr ähnlich ist, ist die sogenannte Bogenrute. Sie besteht aus einem dünnen, elastischen Draht von etwa 40 cm Länge und etwa 2 bis 4 mm Stärke. Man kann hierfür auch einen elastischen Zweig von jungem, frischem Holz nehmen, der etwa die gleichen Abmessungen hat.

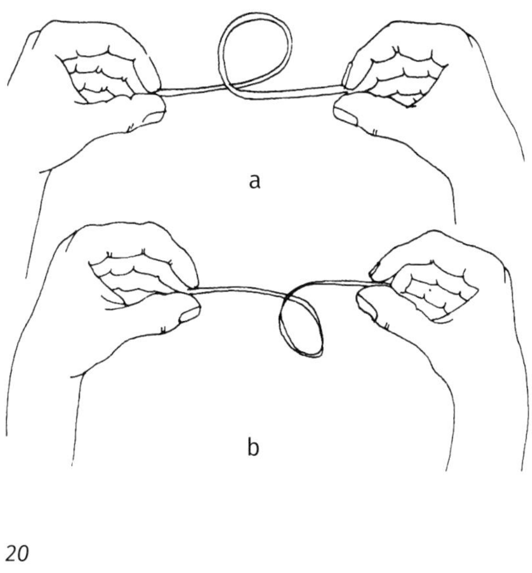

20

a) Das Festhalten der schleifenförmigen Wünschelrute; b) Das Festhalten der Bogenrute.

Nehmen Sie nun beide Enden zwischen Daumen und Zeigefinger oder, wenn Sie dies einfacher finden, in die ganze Hand, und strecken Sie die Hände aus, so dass sich das Instrument horizontal vor Ihrem Körper befindet. Drücken Sie dann beide Hände aufeinander zu, und Sie werden feststellen, dass der Draht einen Widerstand bietet, bis er plötzlich wegschnellt und einen Bogen bildet (daher der Name dieser besonderen Wünschelrute). In der Mechanik bezeichnet man eine solche Belastung eines Stabs und die daraus resultierende Verformung als „Stauchen". Versuchen Sie nun, den Draht oder Zweig in dieser Stauchstellung zu halten, so dass der Bogen z.B. nach oben oder nach vorne weist. Wenn das Material elastisch genug ist, wird hierfür kein großer Kraftaufwand erforderlich sein, und Sie können eine entspannte Haltung einnehmen.

Führen Sie eine zusätzliche Verdrillung herbei, indem Sie Ihre Hände, wie bei der Schleifenrute, aus dem Handgelenk etwas in entgegengesetzte Richtungen verdrehen; der Draht nimmt dann eine Spiralform an (siehe Abb. 20b). Sie werden feststellen, dass bei einer bestimmten Kombination von Druck in Längsrichtung (der die Stauchwirkung verursacht) und Verdrillung der Draht in einen labilen Gleichgewichtszustand gerät, aus dem er durch geringste Störungen (z.B. ein Signal) herausschnellt: Das ganze Instrument dreht sich dann plötzlich um eine Viertel oder eine halbe Drehung um seine Längsachse. Es ist eine Frage der Geschicklichkeit, bis man die Bogenrute in dieser neutralen Position richtig unter Kontrolle halten kann, und viel üben lautet auch hier die Empfehlung.

Die Reaktion wird stärker, je mehr man die Empfindlichkeit des Instruments steigert. Dies geschieht, indem man den Abstand zwischen den Händen größer oder kleiner macht und dabei gleichzeitig die Verdrillung des Drahts ändert. Versuchen Sie, eine optimale Kombination aus Druck und Verdrillung zu finden, bei der der Draht gerade noch im labilen Gleichgewichtszustand bleibt. Es kann auch vorkommen – vor allem, wenn Sie den Abstand zwischen den Händen sehr klein machen –, dass der Bogen beim Feststellen eines „Signals" sich nicht nur plötzlich um seine Achse dreht, sondern auf einmal wegschnellt und eine Schleife bildet. Es gibt hier verschiedene Reaktionen, je nach der Flexibilität des verwendeten Materials und der angewandten Druck- und Torsionsspannung.

Im Grunde sind die beiden vorgenannten Instrumente Variationen der V-Rute und des Gabelzweigs: In allen Fällen beruht die Reaktion auf der plötzlichen Freisetzung potenzieller Energie, die in Form einer Biegespannung im Instrument vorhanden ist. Es gibt noch weitere Sonderformen von Wünschelruten, jedoch wollen wir hier im Hinblick auf ihre schwierige Beherrschbarkeit und/oder ihre zweifelhafte Zuverlässigkeit auf ihre Darstellung verzichten.

Teil 2: Spezielle Anwendungen und Techniken

6 Was können wir aufspüren?

In den vorangegangenen Kapiteln haben wir bereits einige Anwendungen der Wünschelrute kennengelernt: das Aufspüren unterirdischer Zu- und Abflüsse von Wasser. Dies ist aber bei weitem nicht alles! Nachfolgend geben wir eine kurze Übersicht über die möglichen Anwendungen des Rutengehens, die grundsätzlich von jedermann ausgeführt werden können, der einige der bisher besprochenen Grundtechniken einigermaßen beherrscht.

Anwendungen im Freien

Die vielleicht zu allen Zeiten bekannteste Anwendung der Wünschelrute ist wohl das Aufspüren von unterirdischem Wasser in jeglicher Form. Selbst in unserer hochtechnisierten Zeit nutzt man immer noch die merkwürdigen Spüreigenschaften der Wünschelrute. In abgelegeneren Gegenden gibt es in fast jedem Dorf noch einen (meist älteren) Mann oder eine Frau, die die „Kunst“ beherrscht und deren Hilfe man in Anspruch nimmt, wenn bei einem Bauernhof oder auf einer Wiese ein Brunnen gebohrt werden soll. In diesem Fall untersucht der Rutengänger dann mehr oder weniger systematisch das Gelände, in dem der Brunnen geschlagen werden soll, und liest an den Reaktionen seines Instruments ab, wo der günstigste Ort ist, d.h. die Stelle, an der das trinkbare Grundwasser am dichtesten unter der Erdoberfläche liegt. Der Rat eines erfahrenen Rutengängers ist also sehr wertvoll, denn er kann viele aufwendige – und meist auch teure – Erdarbeiten vermeiden helfen.

Ein erfahrener Rutengänger kann jedoch noch mehr: Neben dem Aufspüren von Grundwasser, das meist wenig oder kaum strömt, kann er auch unterirdische Wasseradern lokalisieren, ob dies nun natürliche Wasserläufe oder von Menschen angelegte Leitungen sind. In den vorigen Kapiteln haben wir dargestellt, wie die verschiedenen Wünschelruten auf unterirdische Leitungen ansprechen. Im Allgemeinen bekommt man bei den Brauchwasserleitungen, die unter dem Bürgersteig mit allen Wohnhäusern verbunden sind, sowie auch bei den Abzweigungen zum Abwasserkanal sehr deutliche Reaktionen. Praktisch jedes Wohnhaus hat einen eigenen Anschluss an das öffentliche Kanalnetz, und mit den in den bisherigen Kapiteln gesammelten Erfahrungen ist es keine große Kunst, den Verlauf dieser Leitungen zu bestimmen. In vielen moderneren Wohnvierteln verlaufen die Netzwerke der Leitungen systematisch und in rechten Winkeln, so dass sie leicht aufzuspüren sind; zur Kontrolle hat man ja die Kanaldeckel. Auf dem flachen Land und im Bereich älterer Häuser verlaufen die Leitungen jedoch nicht immer so geradlinig, und man muss schon etwas feiner arbeiten, um ihren Verlauf feststellen zu können. Im folgenden Kapitel soll daher die Systematik besprochen werden, nach der man in diesen und anderen Fällen vorgehen kann.

Ein wirklich geübter Rutengänger kann nicht nur den Lauf einer Wasserleitung ermitteln (und eventuelle Knotenpunkte und Verzweigungen); er kann mit seinem Instrument auch feststellen, wo sich eventuell ein Leck in der Leitung befindet. Die Größe des Lecks, d.h. die Menge Wasser, die in der Zeiteinheit durch die undichte Stelle ausströmt, ist ein direktes Maß für das Signal, auf das die Wünschelrute anspricht. Deshalb sind kleinere Lecks schwieriger zu lokalisieren als große. Das Aufspüren solcher Lecks in Wasserleitungen oder Abwasserkanälen erfordert die Kenntnis schwieriger Spezialtechniken; diese werden in Kapitel 8 behandelt.

Es könnte nun der Eindruck entstanden sein, dass eine Wünschelrute nur das Vorhandensein von stehendem oder strömendem Wasser anzeigen kann. Dies ist jedoch nur ein Aspekt: Auch leere Entwässerungsrohre z.B. für Regenwasser können mit der gleichen Technik aufgespürt werden. Erforderlich ist allerdings, dass vor noch nicht allzu langer Zeit Wasser hindurchgeflossen ist. Grundsätzlich liefern trockene Entwässerungsleitungen ein schwächeres Signal als z.B. Hauptwasserleitungen, in denen praktisch immer Wasser mit einiger Geschwindigkeit strömt, jedoch sind sie mit Hilfe der bereits behandelten Techniken sicher zu ermitteln. Viele Neubauviertel am Rande von Städten sind auf ehemals landwirtschaftlich genutzten Flächen entstanden, auf denen einst Entwässerungskanäle verliefen. Diese wurden meist zugeschüttet, jedoch zeigt sich, dass das Grundwasser auch nach Jahren noch die Tendenz hat, den früheren Verlauf in etwa beizubehalten.

Das ursprüngliche Kanalsystem ist dann häufig noch als ein Muster „feuchter" Bahnen im bebauten Wohngebiet festzustellen. Auf diesen Bahnen liefert die Wünschelrute dann auch einen deutlichen Ausschlag. Versuchen Sie einmal, ob Sie ein solches ehemaliges Kanalsystem aufspüren können; wenn Ihnen dies gelungen ist, vergleichen Sie Ihre Ergebnisse mit alten Karten dieses Gebiets. Menschen, die die Gegend noch aus der Zeit vor der Bebauung kennen, können Ihnen manchmal noch recht genau sagen, wo die Kanäle verliefen. Wenn Sie keine geeigneten Karten mehr bekommen können, ist deren Wissen für die Überprüfung der Wünschelrutenresultate von großem Nutzen.

Wenn man sich auf die Suche nach nicht mehr vorhandenen Kanälen macht, kann es geschehen, dass man andere unterirdische Wasseradern entdeckt. Unter unseren Füßen befindet sich nämlich – vor allem in Gebieten mit festem, undurchlässigem Untergrund, z.B. Lehm – ein ausgedehntes System kleinerer und größerer Wasserläufe. Bei gut durchlässigem Boden sickert das Regenwasser allmählich senkrecht nach unten, während an Orten, wo der Boden weniger durchlässig und aus einigen lehmigen Schichten aufgebaut ist, das Regenwasser dicht unter der Erdoberfläche mehr oder weniger horizontal abläuft und ein bizarres Muster von Wasseradern bildet. Diese können einen Durchmesser von etwas mehr als 1 cm haben, aber da sie sich nach und nach vereinigen, können sie an manchen Stellen auch mehrere Zentimeter breit werden. Diese größeren Wasseradern liefern ein Signal, das an der Wünschelrute eine deutliche Reaktion hervorruft.

Auch unterirdische Elektrizitätsleitungen, Telefonkabel und Gasleitungen liefern ein Signal, auf das die Wünschelrute anspricht. In den meisten Fällen ist dieses etwas schwächer als die Signale, die wir bei Wasserleitungen feststellen, jedoch ist es mit einiger Übung möglich, diese Leitungen mit Hilfe der hier besprochenen Grundtechniken aufzuspüren. Wie die Wasser- und Abwasserleitungen sind auch Elektrizitäts- und Telefonkabel in aller Regel nach einem bestimmten System verlegt, so dass es nicht schwierig ist, ihren weiteren Verlauf genau zu verfolgen, wenn man einmal das Vorhandensein eines solchen unterirdischen Kabels festgestellt hat.

Neben dem Aufspüren von Wasser- und anderen Leitungen ist die Wünschelrute grundsätzlich auch zum Muten von Mineralen und Erzadern im Boden geeignet. Diese wichtige Eigenschaft des Instruments ist schon seit Jahrhunderten bekannt. In der klassischen metallurgischen Abhandlung *De Re Metallica* (1556) von G. Agricola wird beschrieben, wie die Wünschelrutengänger zu Werke gehen, bevor man mit dem Schürfen des gesuchten Erzes beginnen kann. Der diesem Buch entnommene Holzschnitt (Abb. 1, Seite 4) zeigt beides auf anschauliche Weise. Oben auf dem Bild sehen wir einen Mann an einem Baum, der einen geeigneten Zweig schneidet. Daneben erkennen wir zwei Rutengänger – jeweils mit A bezeichnet – mit einem Gabelzweig bei der Arbeit. Vielleicht ist Ihnen aufgefallen, dass diese Menschen den Zweig anders handhaben, als wir

21
Eine Illustration aus dem Buch „Cosmographia Universalis“ (1550) von Sebastian Münster

in Teil I beschrieben haben. Hierzu ist zu sagen, dass sich die Handhabungsweise im Laufe der Zeit natürlich verändert hat, jedoch wird hierauf noch in Kapitel 13 (Die Geschichte der Wünschelrute, S. 62 ff) näher eingegangen.

Der Rutengänger ganz links hält jedenfalls sein Instrument fast senkrecht nach oben und sucht eine Erzader, während der Mann im Vordergrund offensichtlich fündig geworden ist, wie sein nach unten weisender Zweig deutlich erkennen lässt. Auf Anweisung der beiden Herren links im Bild, so scheint es jedenfalls, haben die beiden Männer unten an der angegebenen Stelle zu graben begonnen, und, wie man sieht, mit Erfolg. Eine ähnliche Szene erkennt man in Abb. 21, einer Illustration aus dem 1550 erschienenen Buch *Cosmographia Universalis* von S. Münster. Dieses Bild zeigt einige Aspekte des Bergbauwesens, und auch hier fehlt der Rutengänger nicht. Beide Male handelt es sich um Tagebau, d.h. es werden dicht unter der Oberfläche liegende Erzlager ausgebeutet. Bei tiefer liegenden Adern verlassen sich die heutigen Geologen auf moderne seismische Techniken, da die Wünschelrute auf die äußerst schwachen Signale von in einigen hundert Metern Tiefe liegenden Erzadern nicht mehr reagieren kann. Trotzdem hat dieses Instrument, wie die zahllosen Beschreibungen von erfolgreichen Entdeckungen von Bodenschätzen mit einer Wünschelrute (siehe Kapitel 9) belegen, im Laufe der Jahrhunderte eine wichtige Funktion im Bergbau erfüllt. Ob freilich der durchschnittliche Leser von dieser besonderen Eigenschaft der Wünschelrute etwas haben wird, ist natürlich die Frage, denn unser Boden ist ja nicht sehr reich an oberflächennahen Gold-, Silber- und sonstigen Erzadern!

Anwendungen im Hause

Während bisher nur Anwendungen im Freien besprochen wurden, gibt es jedoch auch eine Reihe ganz unterschiedlicher Einsatzmöglichkeiten für die Wünschelrute im Hause. Natürlich denkt man hier gleich an das Lokalisieren von Wasser- und Elektrizitätsleitungen. Hierfür können wir in der Tat die gleichen Techniken anwenden wie diejenigen, die wir im Felde für das Aufspüren dieser Leitungen angewandt haben. Im Haus ergibt sich jedoch die zusätzliche Schwierigkeit, dass so viele Leitungen dicht beieinander verlaufen, die alle ein mehr oder weniger starkes Signal abgeben. Beim Aufspüren einer bestimmten Leitung wirken die anderen Signale (die vielleicht genauso stark oder vielleicht sogar stärker sind als das gesuchte Signal) schnell als Störsignale, die das Aufspüren sehr erschweren können. Im Gegensatz zum Arbeiten draußen braucht man ziemlich viel Fingerspitzengefühl, damit die Wünschelrute in diesem Gewirr von Signalen ihren Weg findet. Der angehende Rutengänger beginnt im Hause am besten mit dem Aufspüren des Verlaufs der Wasserleitung.

Durch die Experimente im Freien wissen Sie vielleicht schon, wo die Leitung in das Haus hereinkommt; versuchen Sie dann einmal, z.B. ihren weiteren Verlauf bis zur Küche zu verfolgen. Es kann sein, dass beim Abgehen der Leitung die Wünschelrute an bestimmten Stellen zu „zweifeln" scheint, wie wenn das Instrument nicht genau wüsste, wie es weitergehen soll. Höchstwahrscheinlich befinden Sie sich dann an einer Abzweigung oder an einem Kreuzungspunkt zweier Leitungen. Im folgenden Kapitel werden wir erläutern, wie Sie eine solche Stelle mit Hilfe einer speziellen Technik analysieren können. Wenn Sie einmal eine Wasserleitung gefunden haben, die im Boden zu einem Wasserhahn führt, ist es interessant und lehrreich, folgendes Experiment auszuführen: Messen Sie zunächst mit Hilfe der Metallstäbe – die Sie mit einer Skala versehen haben – die Signalstärke über der Leitung, wenn der Hahn zugedreht ist und kein Wasser fließt. Wiederholen Sie dann die Messung bei geöffnetem Hahn; höchstwahrscheinlich wird dann der Ausschlag viel größer sein. Es ist eine gute Übung, einen Zusammenhang zwischen der wahrgenommenen Signalstärke und der Menge des durchströmenden Wassers (der sogenannten Durchflussmenge, die z.B. in Litern pro Minute gemessen wird) zu ermitteln.

Es wird für Sie sicher interessant sein, Ihre Beobachtungsergebnisse schriftlich festzuhalten, wie dies auch ein Physiker bei seinen Experimenten tut. Auf der Grundlage dieser Aufzeichnungen ist es viel einfacher, objektive Schlussfolgerungen zu ziehen.

Eine besondere Kategorie bilden die Leitungen, die in einer Mauer verlegt sind. Bei diesen gibt es zusätzliche Komplikationen, weil man kaum nahe genug herankommt; die meisten Instrumente brauchen ja eine gewisse Bewegungsfreiheit und reagieren nur auf das, was sich unter ihnen befindet. Wandleitungen spürt man daher am besten mit der V-Rute auf, deren nach vorne zeigende Spitze man ganz nahe an die Wand halten kann, ohne dass das Instrument bei einer möglichen Bewegung behindert wird. Führen Sie das Instrument dann langsam horizontal so an der Wand entlang, dass die Spitze sich in einem Abstand von 1 - 2 cm von ihr befindet. Wenn die Wünschelrute dann nach oben oder unten springt, wissen Sie, dass sich an dieser Stelle eine Leitung befindet.

Spezielle Gegenstände

Außer auf die genannten Wasserleitungen, Erzadern usw. reagiert die Wünschelrute auch auf Signale, die bestimmte „isolierte" Gegenstände von mehr oder weniger begrenzten Abmessungen aussenden. Wegen dieser räumlichen Begrenztheit des Signals sind solche Objekte grundsätzlich schwieriger mit der Wünschelrute aufzuspüren, da man es hier nicht mit einer sehr langen, sondern einer eher punktförmigen Signalquelle zu tun hat, die man sehr leicht verfehlt.

Statt isolierte Gegenstände aufzuspüren, ist es auch möglich, sich bestimmte Gegenstände vorzunehmen und sie dann mit der Wünschelrute zu untersuchen. Dies ist eigentlich die umgekehrte Vorgehensweise, die jedoch auch sehr überraschende Ergebnisse liefern kann. Durch einiges Experimentieren können Sie selbst Gegenstände in der Nähe entdecken, auf die die Wünschelrute anspricht.

Um Ihnen einige Tipps zu geben, sind nachfolgend einige Beispiele angegeben.

Angefaultes Obst

Legen Sie einige gesunde Orangen in einigem Abstand voneinander in einer Reihe auf den Tisch. Legen Sie eine weniger gesunde Orange dazwischen, die bereits angefaulte Stellen aufweist. Kontrollieren Sie die Orangen mit einem der Instrumente (vorzugsweise der V-Rute, da diese gute Lokalisierungseigenschaften hat), indem Sie die Spitze des Instruments im Abstand von etwa 10 cm langsam in einer horizontalen Linie über die Orangen führen. Genau über der angefaulten Orange wird das Instrument eine deutliche Reaktion zeigen. Diese Erscheinung lässt sich auch bei anderem Obst beobachten. Eine wissenschaftliche Erklärung für dieses faszinierende Phänomen gibt es noch nicht; jedenfalls hat man hiermit eine bequeme Möglichkeit, den Inhalt einer Obstschale regelmäßig zu kontrollieren, um dadurch zu vermeiden, dass eine einzige angefaulte Frucht den ganzen Rest verdirbt.

Kranke Pflanzen

Es hat sich gezeigt, dass die Wünschelrute auch über kranken, dahinkümmernden Pflanzen einen deutlichen Ausschlag liefert. Vielleicht haben Sie in Ihrem Haus eine Pflanze, die schon seit einiger Zeit nicht mehr richtig wachsen will und mit der es zusehends abwärts geht, während Pflanzen in ihrer unmittelbarer Nähe noch prächtig aussehen. Testen Sie diese Pflanzen einmal nacheinander wie bei dem Obstexperiment, indem Sie die V-Rute dicht über sie hinweg führen. Bei großen Pflanzen können Sie auch die Spitze des Instruments dicht über die Erde im Topf führen. Sie werden feststellen, dass die kranke Pflanze ein Signal abgibt, auf das die Wünschelrute reagiert, während das Instrument über normal gesunden Pflanzen neutral bleibt.

Manchmal tritt an der Wünschelrute über einer Pflanze, die offensichtlich vollkommen gesund ist, ein deutlicher Ausschlag auf. Dies kann bedeuten, dass die Pflanze unter stauender Nässe leidet und im Topf bereits ein Fäulnisprozess eingesetzt hat. Beobachten Sie diese Pflanze gut, und gießen Sie sie vorläufig nicht mehr. Kontrollieren Sie ggf. die Wurzeln, und topfen Sie die Pflanze notfalls um.

Feuchtes Heu

In den beiden vorgenannten Beispielen zeigt es sich, dass die Wünschelrute auf Fäulnisprozesse anspricht. Ein drittes Beispiel aus dieser Kategorie ist die Wünschelrutenreaktion über feuchtem Gras, das bereits einige Tage liegt. Nehmen Sie einmal ein solches Büschel abgemähtes Gras (das durch die beginnende Fäulnis vielleicht schon bräunlich aussieht) mit nach Hause und legen Sie es auf einen Tisch. Führen Sie die V-Rute waagerecht über das Gras, und Sie werden eine deutliche Reaktion spüren, wenn sich das Instrument genau über dem Grasbüschel befindet. Die Stärke der Rutenreaktion ist – und dies gilt auch für die beiden vorgenannten Beispiele – mehr oder weniger direkt vom Grad der Fäulnis abhängig. Im Allgemeinen gilt hier die Faustregel: Je fortgeschrittener der Fäulnisprozess, desto deutlicher die Reaktion!

Das Frappierende an diesem Phänomen ist, dass die Reaktion nur genau senkrecht über dem Gegenstand auftritt. Man kann dies ausprobieren, indem man sich dem Gegenstand von verschiedenen Seiten nähert. Wenn man das faulende Gras, die kranke Pflanze oder die angefaulte Frucht auf einen Tisch legt (vorzugsweise einen Holztisch, damit eventuelle Einflüsse eines Metallrahmens vermieden werden) und das Instrument unter dem Tisch hindurchbewegt, wird die Wünschelrute genau unter dem Gegenstand nicht die geringste Reaktion zeigen und ganz ruhig im neutralen Zustand verharren. Schlussfolgerung: Verrottende Gegenstände senden ein

„Signal“ aus, das mit der Wünschelrute nur senkrecht darüber messbar ist. Soweit den Autoren bekannt, gibt es für dieses Phänomen bisher keine naturwissenschaftliche Erklärung.

Zigaretten- und Pfeifentabak

Wir möchten zwar Pfeifentabak oder Zigaretten nicht mit verrottendem Gras oder angefaultem Obst gleichsetzen, aber es ist doch so, dass die Wünschelrute hier die gleiche Reaktion zeigt. Legen Sie ein Päckchen Zigaretten, Zigaretten- oder Pfeifentabak vor sich auf den Tisch, und beobachten Sie die V-Rute, während Sie sie waagerecht über den Tisch führen: Direkt über dem Tabak wird sie ausschlagen, wie bei den vorigen Beispielen.

Nahrungsmittel

Ähnliche Reaktionen findet man auch über einigen Nahrungsmitteln. Es empfiehlt sich, selbst verschiedenes Gemüse und andere Nahrungsmittel systematisch mit der Wünschelrute zu untersuchen und zu notieren, bei welchen Nahrungsmitteln ein deutlicher Rutenausschlag eintritt.

Beim Experimentieren werden Sie herausfinden, dass die Wünschelrute bei weitaus mehr als den bisher genannten Objekten reagiert. Führen Sie selbst Untersuchungen durch, und versuchen Sie, ein System oder Gemeinsamkeiten bei den Gegenständen zu finden, auf die die Wünschelrute anspricht. Im Grunde liegt hier noch ein weites, unbearbeitetes Forschungsgebiet vor uns, auf dem wir unsere eigene Kreativität und unseren Spürsinn entfalten können. Erst wenn dieses Gebiet systematisch erforscht ist und wir logische Zusammenhänge zwischen den reaktionsauslösenden Objekten herstellen können, wird es vielleicht möglich werden, die Wirkungsweise der Wünschelrute besser zu verstehen. Es sind jedoch noch viele Felduntersuchungen nötig, bevor wir soweit sind.

Wir haben hier nun drei Kategorien von Gegenständen vorgestellt, die wir mit der Wünschelrute aufspüren können. Abschließend sei noch eine vierte Anwendungsmöglichkeit erwähnt, die sich vielleicht zum Teil mit der erstgenannten Kategorie deckt, wegen ihrer besonderen Art aber doch ein eigenes Gebiet bildet: die Wünschelrutenreaktion bei archäologischen Denkmälern. Wir denken hier etwa an prähistorische Monumente wie z.B. Grabhügel und Hünengräber, aber auch an die konkreten Zeugnisse menschlicher Aktivitäten jüngeren Datums. Vor allem in Großbritannien wird auf diesem Gebiet viel geforscht. Da diese Disziplin relativ selbständig ist, wird sie später in diesem Buch in einem eigenen Kapitel – Wünschelrute und Archäologie – näher behandelt.

7 Die Systematik des Rutengehens

Nehmen wir an, Sie möchten ein bestimmtes Stück unbebauten Landes oder einen größeren Garten auf das Vorhandensein von Wasserleitungen oder anderen unterirdischen Dingen untersuchen. Sie können natürlich ganz beliebig kreuz und quer gehen, und vielleicht finden Sie dabei sogar etwas. Es empfiehlt sich jedoch, vor allem bei ausgedehnterem Gelände, nach einem systematischen Schema vorzugehen.

Ein solches Schema kann unterschiedlich aussehen, jedoch geben wir einem Wegverlauf den Vorzug, der in Abb. 22 skizziert ist: Gehen Sie in langen, parallelen Geraden in einem Abstand von jeweils etwa zwei Metern. Um eine Vorstellung vom Verlauf des gesuchten Gegenstands zu bekommen, empfiehlt es sich, jeden Punkt, an dem die Wünschelrute ausschlägt, deutlich sichtbar zu markieren. Auf unebenem, bewachsenem Gelände tut man dies am besten mit Markierungsfähnchen, die man, wie in Kapitel 1 (siehe Abb. 8) beschrieben, selbst an einem dünnen Metallstäbchen oder einem Holzstöckchen befestigt. Durch auffallende Farben sind diese Markierungsfähnchen auch noch aus größerer Entfernung gut zu sehen, so dass der Verlauf einer eventuell vorhandenen Leitung dadurch deutlich sichtbar wird.

Wenn aus Gründen der Wasserbeschaffung auf einem bestimmten Gelände ein Brunnen gebohrt werden soll, ist es wichtig, genau zu wissen, wo sich der Grundwasserspiegel besonders dicht unter der Erdoberfläche befindet. Um diese Stelle zu finden, geht man zunächst die in Abb. 22 skizzierte Route ab. Wenn das Gelände sehr ausgedehnt ist, empfiehlt es sich, zunächst ein gröberes Raster abzugehen, z.B. parallele Linien im Abstand von etwa zehn Metern. Markieren Sie die Stellen, an denen die stärksten Signale auftreten, mit einem Fähnchen, und zeichnen Sie diese eventuell in eine (selbstgefertigte) Karte oder einen Plan des Geländes ein. Untersuchen Sie anschließend die nähere Umgebung der markierten Stellen nach dem gleichen, jedoch etwas feineren Wegschema, d.h. mit einem kleineren Abstand von z.B. zwei Metern zwischen den parallelen Abschnitten. Wiederholen Sie dies in der Nähe der neuen Reaktionsorte mit einem noch feineren Raster in Abständen von etwa 0,5 Metern. Auf diese Weise findet man schnell die optimale Stelle zum Niederbringen einer Brunnenbohrung.

Die hier besprochene Wünschelsystematik ist anzuwenden, wenn man die Grundtechniken aus Teil I beherrscht. Im nächsten Kapitel werden jedoch einige anspruchsvollere Techniken behandelt, mit denen es z.B. möglich ist, die Richtung zu einem Ort mit einem starken Signal zu finden oder anhand der Wünschelrutenreaktion die Tiefe des aufzuspürenden Objekts festzustellen. Mit solchen speziellen Aufspürtechniken kann der

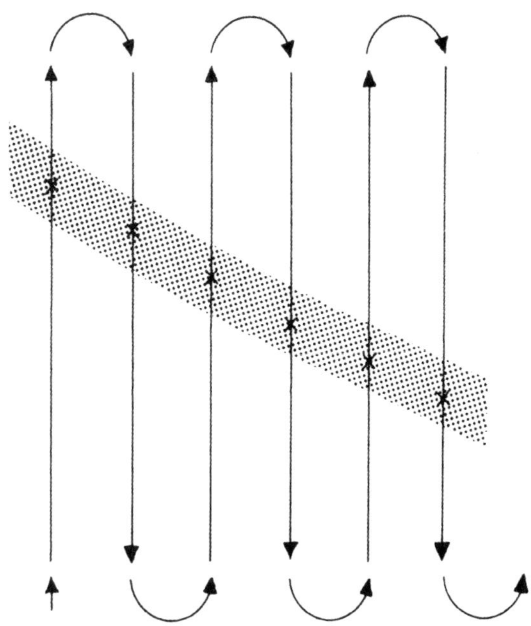

22
Aufspürsystematik; durch systematisches Abgehen des Geländes wird der Verlauf einer Leitung deutlich sichtbar. (x = Ausschlag).

günstigste Ort für das Bohren eines Brunnens sehr effizient bestimmt werden, da es nicht mehr nötig ist, erst das gesamte Gelände nach dem Schema gemäß Abb. 22 abzugehen. Diese speziellen Techniken erfordern jedoch ziemlich viel Erfahrung, und dem Anfänger ist deshalb (vorläufig) mit dem oben besprochenen systematischen Wegschema besser gedient.

Auch für das Aufspüren von Leitungen im Haus ist systematisches Vorgehen wichtig, und zwar weniger, um Zeit zu sparen – die Wohnfläche eines Hauses ist meist kleiner als etwa eine durchschnittliche Wiese –, sondern um den genauen Verlauf einer bestimmten Leitung exakt feststellen zu können. Letzteres ist im Haus viel schwieriger als „im Felde", da im Haus viele Leitungen in geringem Abstand voneinander verlaufen, weshalb es manchmal nicht einfach ist, die empfangenen Signale zu trennen und voneinander zu unterscheiden. Ein praktisches Problem ist z.B. das Auffinden einer elektrischen Leitung in einer Wand: Die Wünschelrute kann hier vielleicht die unangenehme Empfindung vermeiden helfen, die sich einstellt, wenn man genau an der Stelle ein Loch in die Wand bohrt, wo eine 220-Volt-Leitung verläuft. Wie im vorigen Kapitel dargelegt, spürt man eine solche elektrische Leitung am besten mit der V-Rute auf, da diese kleiner ist und die Spitze nahe an die Wand herangeführt werden kann, ohne dass die Wünschelrute in ihrer Funktion beeinträchtigt wird. Außerdem besitzt diese Wünschelrute eine sehr gute Lokalisierungsreaktion, d.h. sie zeigt den Platz sehr genau an, an dem das Signal vorhanden ist.

Nehmen wir an, wir wollen wissen, wie die elektrische Leitung von einer Wandsteckdose oder einem Lichtschalter weg verläuft. Vor allem in älteren Häusern – aber auch noch in vielen Wohnungen jüngeren Datums! – verlaufen diese Leitungen nicht einfach gerade nach oben oder unten, sondern vielfach in ganz unerklärlichen Windungen. Der Verlauf ist dann gut zu bestimmen, indem man die Wünschelrute in geringem Abstand von der Wand in waagerechten Bahnen hin und her bewegt, wobei man z.B. dicht über dem Fußboden beginnt und dann jeweils um etwa 25 cm höher geht. Dies ist schematisch in Abb. 23 dargestellt. Merken Sie sich oder markieren Sie die Stellen, an denen die Wünschelrute ausschlägt; so wird der Verlauf der Leitung sehr schnell sichtbar. Diese allgemeine Systematik kann man natürlich auch zum Aufspüren anderer Leitungen anwenden.

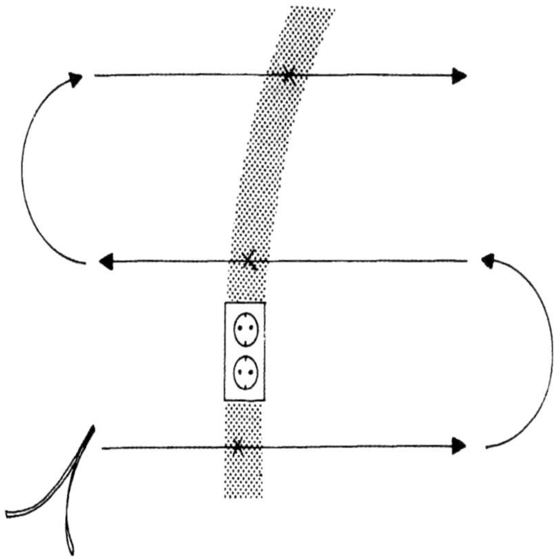

23
Den Verlauf einer elektrischen Leitung kann man leicht feststellen, indem man die Wünschelrute horizontal an der Wand entlangführt (x = Ausschlag).

8 Höhere Techniken

Mit den in Abschnitt I besprochenen Grundtechniken sind wir in der Lage, unterschiedliche Dinge wie z.B. unterirdische (Wasser-) Leitungen, elektrische Kabel und ähnliches zuverlässig aufzuspüren. Die Wünschelrute (und hiermit sind alle bisher behandelten Instrumente gemeint) bietet jedoch viel mehr Möglichkeiten als nur das Bestimmen der Position eines verborgenen Gegenstands, z.B. bezüglich der Bodenoberfläche: Es ist auch möglich, mit einer Wünschelrute die physische Art des Gegenstands, seine Tiefe relativ zur Erdoberfläche und einige andere physikalische Merkmale zu bestimmen. Hierzu sind einige Spezialtechniken anzuwenden, von denen wir die wichtigsten in diesem Kapitel besprechen. Einige dieser besonderen Techniken sind an einen bestimmten Typ Instrument gebunden, während andere universell und praktisch bei allen Instrumenten anwendbar sind.

Wir weisen jedoch nachdrücklich darauf hin, dass diese „höheren" Techniken nur von einem etwas fortgeschritteneren Rutengänger sinnvoll einzusetzen sind, der die in Teil I besprochenen Grundtechniken bereits vollständig beherrscht und hiermit umfassende Erfahrungen gesammelt hat. Nehmen wir z.B. an, dass jemand Sie bittet, auf seinem Grund etwaige unterirdische Wasserläufe aufzuspüren, z.B. für das dort weidende Vieh oder die Bewässerung dieser Fläche. Um diese allgemein gestellte Aufgabe lösen zu können, muss sie in eine Reihe von Teilprobleme zerlegt werden.

Zunächst müssen wir feststellen, ob überhaupt Wasser vorhanden ist. Wenn dem nicht so ist, ist die Antwort auf die Frage rasch gegeben, und unsere Aufgabe ist erledigt.

Wenn jedoch Wasser im Untergrund vorhanden ist, müssen wir folgende Teilprobleme lösen:

- Welches ist die genaue Position des Wassers bezüglich der Erdoberfläche?
- Handelt es sich um fließendes oder mehr oder weniger stillstehendes Wasser?
- Wenn es fließendes Wasser ist, wie ist dann sein genauer Verlauf, und in welche Richtung strömt es?
- Wie tief liegt es?
- Wie viel nutzbares Wasser ist vorhanden?

Diese allgemeine Fragestellung zerfällt noch in weitere Teilaspekte, jedoch gibt diese Liste bereits eine Vorstellung davon, vor welchen Problemen sich ein (berufsmäßiger) Rutengänger manchmal gestellt sieht. Es ist möglich, all diese Aufgaben mit Hilfe der Wünschelrute anzugehen und gut zu lösen.

Die beiden wichtigsten Verfahren, die uns hierfür zu Gebote stehen, sind die sogenannten positionsbestimmenden und die richtungsbestimmenden Techniken. Von ersteren wurden in Teil I bereits einige Beispiele vorgestellt, mit deren Hilfe wir die Position eines aufzufindenden Gegenstands bezüglich der Erdoberfläche feststellen können. Eine weitere wichtige positionsbestimmende Technik ist die Tiefenbestimmung, mit der es möglich ist, herauszufinden, wie tief der festgestellte Gegenstand sich unter unseren Füßen befindet. Dies ist durchaus eine sehr wichtige Technik, da sie uns eine Abschätzung erlaubt, wie viel Grund ausgehoben werden muss, um den Gegenstand freizulegen, oder – im Fall einer unterirdischen Wasserader zur Lösung eines Bewässerungsproblems – wie tief der Brunnen gebohrt werden muss. Eine andere positionsbestimmende Technik, die in der Praxis sehr nützlich ist, betrifft die Bestimmung der Breite oder des Durchmessers einer unterirdischen Wasserader oder eines Wasserrohrs. Hierfür ist eine hohe Ortungsgenauigkeit notwendig, d.h. der Ausschlag der Wünschelrute sollte nur maximal 10 cm vom tatsächlichen Verlauf abweichen. Im Folgenden werden wir besprechen, wie eine solche Präzision erreicht werden kann.

Wenn wir einmal – sei es durch Zufall, sei es durch das Abgehen eines systematischen Weg-Schemas, wie es im vorigen Kapitel besprochen wurde – auf eine Wasserader, ein Wasserrohr oder ähnliches gestoßen sind, ist es sehr nützlich, mit Hilfe einer richtungsbestimmenden Technik den weiteren Verlauf dieses mehr oder wenigen linearen Objekts zu verfolgen. Natürlich erreicht man dies auch mit Hilfe des im vorigen Kapitel skizzierten Rasters, jedoch ist dies, vor allem, wenn das zu untersuchende Gebiet sehr weitläufig ist, relativ zeitaufwendig. Warum sollten wir uns die Mühe machen, wenn es auch einfacher geht! Die richtungsbestimmende Technik ist außerdem auch gut einsetzbar zum Aufspüren der Position eines Gegenstands. Diese vorerst noch etwas dunkle Aussage wird im späteren noch verdeutlicht.

Die Tiefenbestimmung

Ein ganz praktisches Problem für jeden Rutengänger ist die Ermittlung der Tiefe eines Gegenstands, den er mit seinem Instrument geortet hat. Nehmen wir einmal an, dass Sie selbst soeben mit Hilfe des systematischen Wegrasters aus dem vorigen Kapitel eine unterirdische Wasserleitung gefunden haben und jetzt – bevor Sie zu graben beginnen – wissen wollen, wie tief die Leitung etwa liegt.

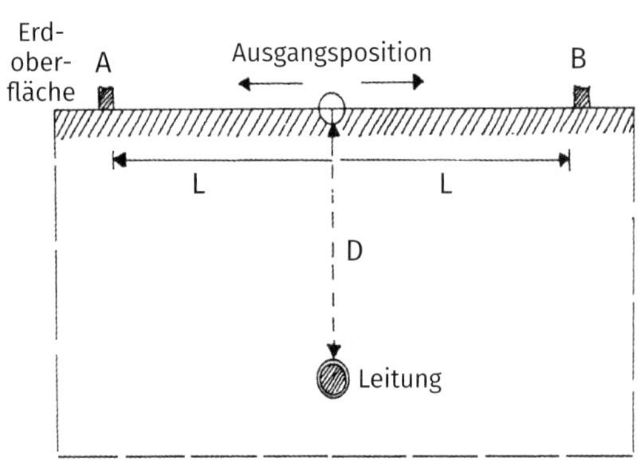

24

Die Bischofsregel: Der horizontale Abstand (L) ist gleich der Tiefe (D), in der die Leitung liegt. A und B bezeichnen die durchschnittliche Lage der Reaktionspunkte.

Es gibt hier verschiedene Techniken, wie wir dies herausfinden können, von denen die einfachste die sogenannte Bischofsregel ist, so genannt nach einem französischen Bischof, der diese Technik als erster beschrieben hat. Er war sicher nicht der erste, der diese „Faustregel“ benutzte, jedoch spielt dies für uns keine Rolle. Wir gehen wie folgt vor:

- Zunächst bestimmt man mit einem der Wünschelruten-Instrumente die genaue Lage der betreffenden Wasserleitung bezüglich der Erdoberfläche. Man kann hierfür jedes der in Teil I behandelten Instrumente verwenden, jedoch wollen wir hier der Einfachheit halber annehmen, dass wir hier und im Folgenden mit den L-förmigen Stäben arbeiten. Stellen Sie sich dann, wenn Sie den Ort gefunden haben, genau auf die Stelle, unter der die Leitung verläuft, und kennzeichnen Sie diese Stelle mit einem der Markierungsfähnchen, einem großen Zweig oder etwas ähnlichem.
- Lassen Sie die Arme entspannt am Körper nach unten hängen, wobei die Stäbe zum Boden weisen. Entspannen Sie sich vollkommen. Führen Sie die Unterarme wieder nach oben und bringen Sie die Stäbe in die neutrale Position. Konzentrieren Sie sich nun auf das, was Sie tun wollen (nämlich die Tiefe der Leitung bestimmen), und beginnen Sie dann ganz langsam zu gehen. Gehen Sie möglichst in einer Geraden vom Zentrum nach außen, senkrecht zum aufgespürten Verlauf der Leitung.
- Im Idealfall zeigen die Stäbe in einiger Entfernung von Ihrer Ausgangsposition eine Reaktion: Vielleicht drehen sie aufeinander zu, aber es kann auch sehr gut sein, dass sie sich auseinander bewegen. Kennzeichnen Sie diese Stelle mit einem Fähnchen.
- Wiederholen Sie dies mehrere Male: Gehen Sie mehrmals vom Zentrum jeweils in der gleichen Richtung und markieren Sie die Stelle, an denen die Reaktion eintritt. Vor allem wenn man

erst mit dieser Technik beginnt, erhält man viele „Störsignale", weshalb die Reaktionsstelle nicht immer die gleiche ist. Wenn man drei- oder viermal in eine Richtung gegangen ist, nimmt man den mittleren Abstand vom Ausgangspunkt und markiert diese Stelle.

- Gehen Sie auch einige Male aus der Ausgangsposition in die entgegengesetzte Richtung, d.h. also wiederum senkrecht zur Leitung, und bestimmen Sie aus den festgestellten Reaktionsorten den durchschnittlichen Abstand zu dem Punkt, von dem Sie ausgegangen sind.
- Optimal ist es, wenn dieser Abstand genauso groß ist wie der auf der anderen Seite der Leitung gefundene Abstand der Reaktionsorte (siehe Abb. 24).
- Nach der Bischofsregel ist dieser horizontale Abstand (L) von dem Punkt über der Leitung annähernd gleich der Tiefe der unterirdischen Leitung, die die Wünschelrutenreaktion hervorgerufen hat.

Diese Regel kann auch wie folgt formuliert werden: „Horizontaler Abstand gleich der Tiefe". Außer für lineare, langgestreckte Objekte wie Wasserleitungen, Kabel usw. lässt sich diese Technik auch auf die Ermittlung der Tiefe einzelner isolierter Objekte, wie z.B. metallener Behältnisse usw. anwenden. Beachten Sie jedoch, dass das Signal eines solchen „punktförmigen" Objekts wegen dessen geringeren Abmessungen stets viel schwächer ist als dasjenige eines linearen Objekts; wir empfehlen den Anfängern daher, es zunächst mit einer Wasserleitung oder ähnlichem zu versuchen. Erst wenn es Ihnen gelungen ist, die Tiefe der Hauptwasserleitung vor Ihrem Haus zu bestimmen (sie liegt in der Regel nicht tiefer als einen Meter) und Sie sich einigermaßen sicher fühlen, können Sie auch versuchen, die Tiefe von „punktförmigen" Gegenständen zu messen.

Das Verfahren ist hierbei grundsätzlich das gleiche wie bei linearen Objekten, jedoch kann man hier nicht nur in zwei Richtungen (senkrecht zur Leitung), sondern vom Zentrum aus in allen möglichen Richtungen gehen; wenn Ihre Messungen in Ordnung sind, müssen alle Ihre Reaktionspunkte etwa auf einem Kreis liegen, dessen Mittelpunkt Ihr Ausgangspunkt ist. Nach der Bischofsregel ist der Radius des Kreises nun die Tiefe des aufgespürten Objekts. Versuchen Sie es einmal! Generell stellt sich hierbei jedoch für jeden, der diese Tiefenbestimmungstechnik zum ersten Mal anwendet, das Problem, dass man die erhaltenen Ergebnisse – d.h. die gemessenen Tiefen – schwierig überprüfen kann, da man ja nicht einfach überall zu graben beginnen kann: Auch wenn eine Hauptwasserleitung nicht tiefer als vielleicht einen Meter liegt, wird niemand erfreut sein, wenn Sie in seinem Garten zu graben beginnen, nur um festzustellen, ob Ihre Wünschelrutenreaktionen zuverlässig sind (vielleicht versuchen Sie es lieber in Ihrem eigenen Garten!). Wenn ein Gegenstand tiefer als einige Meter liegt, ist es ohnehin fast unmöglich, danach zu graben.

Eine gute Möglichkeit, Ihre erworbenen Fähigkeiten zu prüfen, ergibt sich jedoch dann, wenn Sie wissen, dass jemand einen Brunnen anlegen möchte, um z.B. einen Garten oder einen Acker zu bewässern. Erbitten Sie dann vorher die Erlaubnis, das betreffende Gelände mit Ihrer Wünschelrute untersuchen zu dürfen, und bestimmen Sie, wenn Sie wissen, wo der Brunnen entstehen soll, die örtliche Tiefe des Grundwassers. Vergleichen Sie dann Ihren Befund mit der Tiefe, in der tatsächlich Wasser gefunden wird. Es ist nicht undenkbar, dass Sie bei Ihrer Voruntersuchung des Geländes eine viel günstigere Stelle für das Niederbringen der Bohrung finden: eine gute Gelegenheit, um mit Ihren Rutenkünsten jemandem einen Dienst zu erweisen.

Genaue Positionsbestimmung

Man nimmt in der Regel an, dass die Wünschelrute – und hierunter verstehen wir alle in Teil I besprochenen Instrumente – eine Reaktion zeigt, wenn das betreffende Instrument sich senkrecht über dem Gegenstand befindet, der das Signal hervorruft. Beim Gabelzweig und bei der V-Rute liegt dieser Gegenstand genau unter der Spitze des Instruments, während bei den Stäben die bewusste Position durch den Punkt angegeben wird, an dem diese sich kreuzen. Da das Instrument in der Regel höher als einen Meter über dem Boden gehalten wird, ist es wegen des sogenannten Parallaxenfehlers, der dabei auftritt, nicht möglich, die genaue Lage des Reaktionspunkts am Boden festzustellen. Dennoch ist die Genauigkeit dieser Technik im Allgemeinen für die grundlegenden Arbeiten, wie z.B. das Aufspüren einer unterirdischen Leitung, durchaus ausreichend. Manchmal ist jedoch eine größere Genauigkeit erforderlich, wenn die Position eines Objektes auf wenige Zentimeter genau bestimmt werden muss. In diesem Fall gebraucht der Rutengänger nicht sein Instrument, sondern seinen Körper als Bezugspunkt.

Eine einfache Technik zum Lokalisieren unterirdischer Gegenstände ist die Verwendung eines Fußes als Markierungshilfsmittel. Man kann hierbei das Ruteninstrument wie in Teil I beschrieben handhaben, jedoch geht man hier nicht einfach langsam nach vorne, sondern bewegt den nach vorne gehenden Fuß mit viel geringerer Geschwindigkeit (etwa 10 cm/Sekunde) nach vorne, oder besser noch, man lässt diesen Fuß langsam über den Boden gleiten. Achten Sie dabei genau auf Ihr Instrument und beobachten Sie, ob es eine Reaktion zeigt. Bei dieser Technik dient die Schuhspitze als „Zeiger", und die Wünschelrute schlägt dann aus, wenn sich dieser Zeiger genau über dem aufzuspürenden Objekt befindet. Sofern Sie den Fuß langsam genug nach vorne schieben, können Sie in dieser Weise die Lage des Reaktionspunktes auf wenige Zentimeter genau bestimmen.

Vor allem am Anfang ist die ungewohnte Art der Fortbewegung recht ermüdend, weil man den Körper auf dem Standbein im Gleichgewicht halten muss, und das ist anstrengend. Trotzdem ist es wichtig, dass man beim Anwenden dieser positionsbestimmenden Technik genügend entspannt ist, um mit der Wünschelrute optimal arbeiten zu können. Es empfiehlt sich daher auch, erst die Lage des gesuchten Gegenstands grob mit einer der bereits behandelten Grundtechniken zu lokalisieren. Stellen Sie sich dann in einer Entfernung von 1 - 2 m von der Stelle auf, an der Sie die Reaktion erhalten haben, und bewegen Sie sich danach wie beschrieben auf den Gegenstand zu. Sie werden erstaunt sein, welche Genauigkeit Sie mit diesem Verfahren erzielen können.

Manchmal ist es nicht möglich, die Füße als Bezug zu verwenden, z.B. wenn man den genauen Verlauf einer elektrischen Leitung oder eines Wasserrohrs in einer Wand feststellen will. Wir haben bereits gesehen, dass die V-Rute für diese Arbeit ein sehr gut geeignetes Instrument ist, da ihre Spitze ein ausgezeichneter Zeiger ist, und das Instrument daher eine genaue Ordnungsreaktion liefert. Eine andere Möglichkeit besteht darin, mit dem Pendel oder mit einem der beiden L-förmigen Stäbe zu arbeiten, während der Zeigefinger der anderen Hand als Zeiger dient.

Im Prinzip spielt es keine Rolle, in welcher Hand Sie das Instrument halten, jedoch ist es durchaus möglich, dass Sie eine Vorliebe für links oder rechts haben. Nehmen Sie dann den Stab (oder das Pendel) in eine der beiden Hände, und bringen Sie das Instrument wie bei der «normalen« Grundtechnik in die neutrale Position. Wenn Sie das Instrument unter Kontrolle haben, fahren Sie mit dem Zeigefinger der anderen Hand langsam die Wand ab. Beobachten Sie dabei Ihr Instrument: Es wird genau dann eine Reaktion zeigen, wenn sich der Zeigefinger am nächsten an der betreffenden Elektrizitäts- oder Wasserleitung befindet.

Um die Genauigkeit dieser Positionsbestimmung noch weiter zu erhöhen, kann man statt des Zeigefingers auch einen dünnen Zeigestab gebrauchen oder auch die zusammengeklappte V-Rute: Auf diese Weise erreicht man Genauigkeiten von einem Zentimeter oder noch darunter.

Richtungsbestimmungstechniken

In dem Kapitel über die Ortungssystematik haben wir beschrieben, wie man durch Abgehen von parallelen Linien die Position eines vergrabenen Gegenstands bestimmen kann. Vor allem wenn man sich auf einem ausgedehnten Gelände befindet, kann diese Arbeitsweise jedoch ziemlich zeitaufwendig sein und ermüdend dazu. In einem solchen Fall bringt die Anwendung einer Richtungsbestimmungstechnik einen erheblichen Zeitgewinn, und deshalb soll diese hier ebenfalls beschrieben werden. Seien Sie sich jedoch darüber im Klaren, dass solche Techniken nicht so einfach zu erlernen sind wie die bereits erwähnten Tiefen- und Positionsbestimmungsverfahren und dass große Erfahrung mit den Grundtechniken unbedingt erforderlich ist. Lassen Sie sich also nicht zu schnell entmutigen, wenn es nicht sofort gelingt, die neue Technik erfolgreich anzuwenden.

Es gibt einige scheinbar unterschiedliche Richtungsbestimmungstechniken, die jedoch im Grunde auf dasselbe hinauslaufen; die Unterschiede sind hauptsächlich durch das Instrument bedingt, mit dem man die betreffende Technik ausführt. Eine dieser Richtungstechniken wurde in Kapitel 4 bei der Besprechung des Pendels bereits angesprochen: Dort wurde die Möglichkeit erwähnt, dass die Schwingebene eines Pendels beim Gehen sich allmählich nach links oder rechts dreht, ohne dass sich das Pendel in einer Ellipse oder einem Kreis bewegt (Abb. 25a). Eine solche Pendelreaktion ist in den Händen eines routinierten Pendlers ein Hinweis auf die Richtung, in der sich ein Gegenstand befindet, von dem ein starkes Signal ausgeht. Wenn man also seinen Weg in der angegebenen Richtung fortsetzt, wird man den betreffenden Gegenstand ziemlich schnell finden. Das gleiche Phänomen kann auch auftreten, wenn man mit den Metallstäben arbeitet: Diese können beim Gehen langsam gleichzeitig nach links oder rechts auswandern, wobei sie jedoch parallel zueinander bleiben (siehe Abb. 25b). Auch hier gibt die neue Richtung an, wo sich eine starke Signalquelle befindet. Wenn Sie eine solche Reaktion bekommen – sei es mit Stäben, sei es mit dem Pendel – bleiben Sie am besten an dieser Stelle kurz stehen, bringen das Instrument wieder in die neutrale Position bzw. den neutralen Schwingzustand und gehen Sie langsam in der angegebenen Richtung weiter. Mit der normalen Positionsbestimmungstechnik ermitteln Sie dann die genaue Lage der Signalquelle.

Eine andere Form der Richtungsbestimmung ist die sogenannte „Abtasttechnik“. Diese Technik wird zwar aus dem Stand ausgeführt, jedoch wollen wir sie im Gegensatz zur eben besprochenen Technik als „aktiv“ bezeichnen, da man hierbei

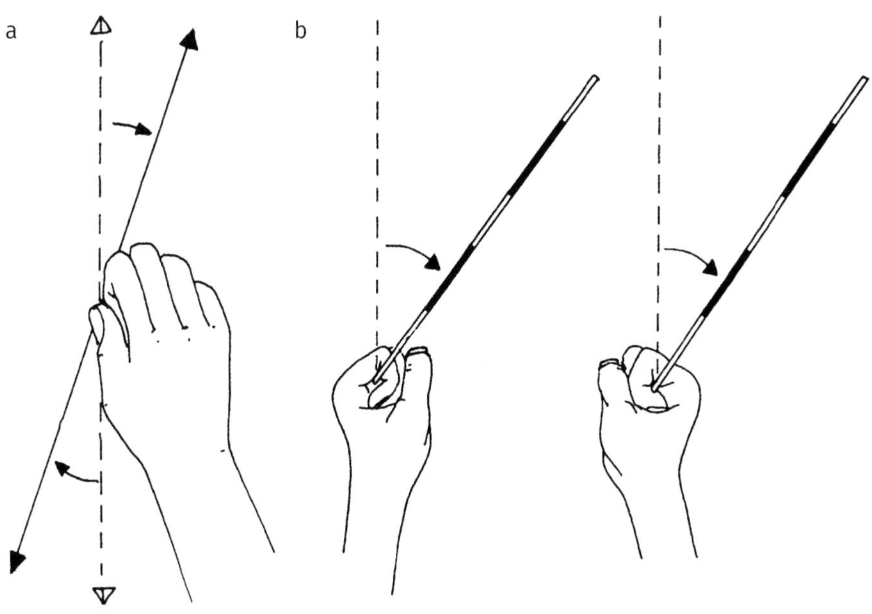

25
Die Drehung der Schwingebene des Pendels (a) und die Drehung der beiden L-förmigen Stäbe (b) sind ein Richtungshinweis für ein starkes Signal.

selbst nach der Richtung sucht und nicht wartet, was sich am Instrument ereignet. Wenn Sie die V-Rute oder den Gabelzweig benutzen, geschieht die Richtungsbestimmung wie folgt: Nehmen Sie eine entspannte Haltung ein, und bringen Sie das Instrument in die neutrale Lage. Konzentrieren Sie sich vollkommen, und nehmen Sie sich Zeit, bis Sie die Wünschelrute ganz unter Kontrolle haben und halten. Drehen Sie sich dann ganz langsam nach links oder rechts. Sorgen Sie dafür, dass das Instrument bei dieser Drehung in der neutralen Position bleibt und nicht wegen kleiner Bewegungen Ihrer Hände zueinander ausschlägt. Dies gelingt vielleicht beim ersten Mal noch nicht, doch üben Sie weiter, bis es klappt. Wenn Sie das Drehen gut beherrschen, wird das Instrument, wenn es genau in die Richtung zeigt, aus der ein Signal kommt, plötzlich reagieren, indem es nach oben oder unten ausschlägt.

Kontrollieren Sie die angegebene Richtung, indem Sie dieses Verfahren wiederholen, einige Male aus der gleichen Anfangsstellung und einige Male auch aus einer anderen Stellung. In dieser Weise können Sie Störsignale vom echten Signal unterscheiden, das eine Richtungsangabe liefert.

Diese „Abtasttechnik" funktioniert beim Gebrauch des Pendels im Prinzip genauso. Da jedoch das Pendel bereits in einer bestimmten Ebene schwingt (die von Ihnen weg gerichtet ist), würde eine Drehung des Körpers die Schwingbewegung in unerwünschter Weise beeinflussen. Statt dessen bleiben Sie mit dem schwingenden Pendel in der einen Hand stehen, während der andere Arm gerade nach vorne ausgestreckt ist. Führen Sie diesen freien Arm dann ganz langsam nach rechts oder links und achten Sie genau auf die Pendelbewegung. Wenn die „Abtastbewegung" des Arms genügend langsam ist, so dass das Instrument Zeit hat zu reagieren, kann man in dieser Weise sehr genau die Richtung bestimmen, in der sich ein Gegenstand befindet, von dem ein Signal ausgeht. Die Genauigkeit der Richtungsbestimmung können Sie noch erhöhen, indem Sie nicht mit der flachen Hand abtasten, sondern einen spitzen Stock in die Hand nehmen (oder die zusammengeklappte V-Rute). Wenn Sie die Technik gut beherrschen, können Sie in dieser Weise die Richtung mit einer Genauigkeit von 10-20° bestimmen. Rutengänger mit jahrelanger Erfahrung erreichen eine noch höhere Genauigkeit und können eine Richtung mit einer Abweichung von etwa 5° feststellen. Da diese Technik im Stillstand ausgeführt wird, ist sie für die Anwendung der Stäbe weniger geeignet. Diese zeigen beim Stillstand die Tendenz zu schwanken und liefern daher weniger zuverlässige Reaktionen. Es gibt zwar Rutengänger, die die Stäbe bei dieser aktiven Richtungsbestimmungstechnik einsetzen – die meisten von ihnen benutzen dann einen Stab, wobei mit dem freien Arm „abgetastet" wird –, jedoch gilt dieses Verfahren in der Regel als sehr schwierig. Wir empfehlen daher, für die Richtungsbestimmung vorzugsweise die V-Rute, den Gabelzweig oder das Pendel zu benutzen, da diese Instrumente hier deutlich leistungsfähiger sind.

Wenn Sie die Richtung festgestellt haben, können Sie von Ihrem Standort aus in diese Richtung gehen und mit Hilfe eines der Ruteninstrumente die genaue Position des betreffenden Gegenstands auf dieser Linie bestimmen. Vergessen Sie jedoch dabei nicht, dass die Richtungsbestimmung niemals 100% ig genau ist, und dass sich der Gegenstand auf einem stets breiter werdenden Sektor befindet, dessen Begrenzungslinien miteinander einen kleinen Winkel (zwischen 10 und 20°) bilden. Dies bedeutet, dass der Gegenstand, je weiter weg er sich befindet, umso weiter von der Linie der festgestellten Richtung entfernt liegen kann. Lassen Sie sich daher nicht irreführen!

Wir können also zusammenfassend sagen, dass die Aufspürtechnik aus zwei Abschnitten besteht:

a) dem Feststellen der Richtung, in der sich das Objekt befindet, und
b) der Bestimmung der Lage des Gegenstands auf der Linie (Spur), die durch die Richtung bezeichnet wird. Es ist nicht notwendig, für beide Phasen das gleiche Instrument zu benutzen: Möglicherweise ziehen Sie für die Rich-

tungsbestimmung eine bestimmte Wünschelrute vor, während Sie für die Positionsbestimmung lieber mit einem anderen Instrument arbeiten. Die Autoren dieses Buchs benutzen für richtungsbestimmende Arbeiten selbst am liebsten die V-Rute, während sie für das Lokalisieren die Metallstäbe bevorzugen. Dies ist jedoch eine persönliche Angelegenheit, und es ist nicht undenkbar, dass Sie selbst eine andere Instrumentenkombination vorziehen.

Positionsbestimmung durch Triangulation

Wie wir eben gesehen haben, kann das Aufspüren eines Gegenstandes in einem weitläufigen Gelände erheblich vereinfacht werden, indem man mit Hilfe einer richtungsbestimmenden Technik von einem festen Punkt aus die Richtung feststellt, in der sich das gesuchte Objekt befindet, und anschließend in dieser Richtung sucht. Sofern Sie die Richtungstechnik genügend gut beherrschen, geht es jedoch auch noch einfacher, indem man nämlich von zwei verschiedenen Punkten aus die Richtung zum gesuchten Gegenstand bestimmt. In Abb. 26 ist dargestellt, wie dies genau funktioniert. Von Punkt A aus misst man mit dem Instrument die Richtung A-A'; diese markiert man am besten am Boden oder zeichnet sie auf eine (selbst- angefertigte) Karte ein.

Zur Orientierung können Sie einen Kompass oder in der Ferne stehende Bäume, Häuser, Kirchtürme oder andere markante Bauwerke benutzen. Berücksichtigen Sie jedoch bei der Angabe der Richtung die Ungenauigkeit der Richtungsbestimmung: Der gesuchte Gegenstand liegt aller Wahrscheinlichkeit nach nicht genau auf der Linie A-A', sondern auf einer sich verbreiternden Fläche mit dem Öffnungswinkel α. Die Größe dieses Winkels hängt ganz von der Erfahrung des Rutengängers ab und liegt in der Regel zwischen 10 und 20°. Bestimmen Sie anschließend die Richtung zum Gegenstand von einem anderen Punkt aus, der in der Abb. mit B bezeichnet ist. Wenn Sie vermuten, dass der gesuchte Gegenstand ganz in der Nähe liegt, z.B. in einer Entfernung von 10 m, sollte man diesen Punkt B nicht zu weit von Punkt A entfernt wählen, d.h. ebenfalls in einem Abstand von etwa 10 m; wenn man dagegen annimmt, dass das Objekt weiter entfernt liegt, muss man auch einen größeren Abstand zwischen den „Peilungspunkten“ wäh-

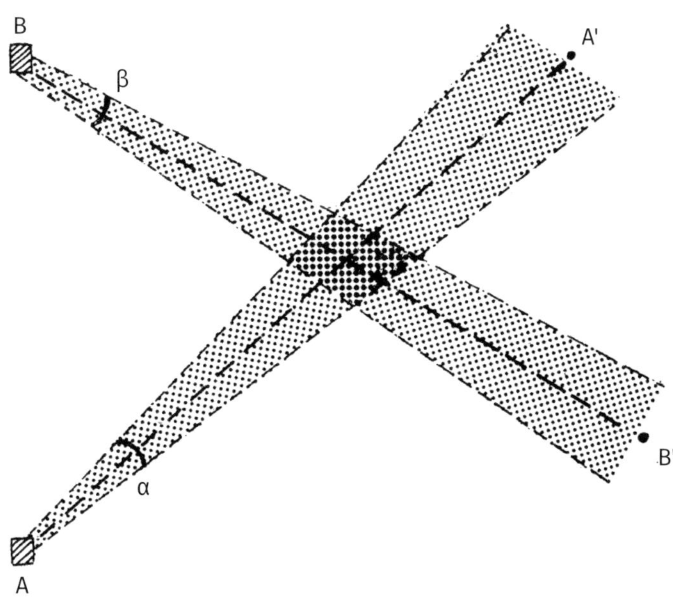

26
Das Triangulationsverfahren.

len. Die bei B gefundene Richtung B-B' markiert man ebenfalls deutlich oder zeichnet sie in die Karte ein. Wenn man die Richtungsbestimmungen mit 100%iger Genauigkeit ausführen könnte, müsste der gesuchte Gegenstand genau auf (oder unter) dem Schnittpunkt der Richtungen A-A' und B-B' liegen.

Durch den unvermeidlichen Messfehler bedeutet dies jedoch in der Praxis, dass sich der Gegenstand in dem in Abb. 25 schattierten Bereich befindet, der sich aus der Überschneidung der von den Punkten A und B ausgehenden Richtungssegmente ergibt. Die Größe dieses Überschneidungsbereichs hängt von der Größe des Ungenauigkeitswinkels und dem gefundenen Abstand bezüglich der Peilpunkte, aber auch von dem Winkel ab, den die Richtungen A-A' und B-B' miteinander bilden. Es leuchtet ein, dass das Überschneidungsgebiet dann am kleinsten ist, wenn die Richtungen A-A' und B-B' senkrecht aufeinander stehen. Wenn man also von B aus eine Richtung misst, die mit der von A aus angepeilten Richtung nur einen kleinen Winkel bildet, bestimmt man am besten noch von einem dritten Punkt aus, der etwas weiter von A entfernt ist, die Richtung zum Objekt.

Auch wenn man aus dem einen oder anderen Grund sich seiner „Peilungen" nicht ganz sicher ist, empfiehlt es sich, zur Kontrolle noch weitere Peilungen aus verschiedenen Winkeln durchzuführen. Im Idealfall verlaufen alle diese neuen Richtungslinien durch das bereits gefundene Überschneidungsgebiet.

Es kann durchaus sein, dass das durch dieses sogenannte Triangulationsverfahren gefundene „Zielgebiet" noch ziemlich groß ist. In diesem Fall kann man für eine genauere Positionsbestimmung am besten diese Peiltechnik nochmals anwenden, und zwar nun von zwei (oder eventuell drei) benachbarten Eckpunkten dieses Gebietes aus. Für die Feinortung können Sie das gefundene Überschneidungsgebiet auch mit der in Teil I behandelten Aufspürtechnik untersuchen, d.h. durch systematisches Durchkämmen. Diese Technik wird Triangulation genannt, da sie auf dem Dreieckssatz beruht, nach dem die Position des dritten Eckpunktes C festliegt, wenn die Richtung zu diesem Punkt von den beiden Basispunkten A und B aus bekannt ist. Eine andere Anwendung dieses Ortsbestimmungsverfahrens ist die sogenannte Funkpeilung, durch die durch Anpeilen von verschiedenen Punkten aus die Position z.B. eines illegalen Radiosenders durch Triangulation ziemlich genau bestimmt werden kann. Auch die Positionsbestimmung von Schiffen auf See erfolgt nach diesem geometrischen Prinzip.

Einige konkrete Anwendungen

Mit den oben besprochenen Techniken haben wir inzwischen die Palette der Anwendungsmöglichkeiten für die verschiedenen Wünschelruteninstrumente erheblich erweitert. Um Ihnen eine Vorstellung davon zu geben, welche Möglichkeiten sich Ihnen damit eröffnen, wollen wir hier zwei konkrete Anwendungen besprechen, nämlich die Bestimmung der Breite eines unterirdischen Rohres oder Wasserstroms und das sogenannte Verfolgen einer (Wasser-)Leitung.

Die Breite eines Wasserlaufs

Für die Bestimmung der Breite eines unterirdischen Wasserstroms oder des Durchmessers einer Leitung im Boden muss man sehr genau arbeiten. Sie haben wahrscheinlich bereits festgestellt, dass bei Annäherung an eine unterirdische Hauptwasserleitung oder ein Abwasserrohr von einer bestimmten Seite der Reaktionspunkt nicht immer mit der Stelle identisch ist, an der die Wünschelrute ausschlägt, wenn man sich von der anderen Seite her der Leitung nähert. Der Abstand zwischen diesen Reaktionspunkten ist ein direktes Maß für den Durchmesser der Leitung, sofern diese nicht tiefer als 1,5 m liegt, da andernfalls das empfangene Signal nicht stark genug ist, um diese Unterschiede noch zuverlässig feststellen zu können. Mit dem weiter oben in diesem Kapitel behandelten Präzisionsverfahren kann man in den meisten Fällen die „Ränder" oder „Konturen" eines unterirdischen Wasserlaufes mit großer Genauigkeit messen. Hierfür nehmen Sie ein beliebiges Instrument (z.B. die V-Rute) und benutzen den vorneliegenden Fuß als Referenz-Messpunkt. Auf diese Weise ist es möglich, durch Herangehen an die betreffende Leitung von zwei Seiten die Konturen dieser Leitung mit einer Genauigkeit von wenigen Zentimetern zu messen.

Manche Rutengänger erzielen auch gute Resultate mit einem anderen, hiermit verwandten Ortsbestimmungsverfahren, wobei sie einen der L-förmigen Stäbe benutzen und den Zeigefinger der freien Hand als „Zeiger“ verwenden. Zum exakten Lokalisieren der Leitung knien sie sich dann auf den Boden und führen ihren Zeigefinger langsam in einer Linie senkrecht zum Wasserlauf über den Boden. Genau am Rand der Leitung dreht sich der Stab plötzlich: Dies ist die Reaktion. Wie bei den obigen Fällen hängt der Ausschlag ganz von der Signalstärke ab.

Versuchen Sie dies selbst einmal; Sie werden feststellen, dass es überhaupt nicht schwierig ist. Man kann den anderen Rand natürlich dadurch bestimmen, dass man an der anderen Seite der Leitung das gleiche Verfahren durchführt; man kann jedoch auch den Finger nach Überschreiten des ersten Randes einfach weiterführen. Dabei bewegt sich der Metallstab nach dem Passieren des ersten Randes zunächst nicht mehr (d.h. er bleibt unter einem bestimmten Winkel stehen), bis man den anderen Rand erreicht, an dem sich der Stab wieder in seine ursprüngliche Stellung zurückdreht. Diese Technik, bei der das Instrument also seine Reaktion beibehält, bis man die „Spur“ mit dem Zeigefinger wieder verlässt, ist nicht ganz einfach zu erlernen; wenn man wirklich Schwierigkeiten damit hat, kann man natürlich jederzeit wieder auf das zuerst genannte Verfahren zurückgreifen, indem man die „Signalspur“ aus zwei Richtungen bestimmt.

Anstelle eines Metallstabs können Sie auch das Pendel benutzen, wobei Sie entweder den Fuß oder den Zeigefinger der freien Hand wie oben beschrieben als Zeiger benutzen. Beide Instrumente sind in dieser Hinsicht gleichwertig und liefern gleich gute Resultate. Die Wahl des Instruments ist auch hier wieder Sache eines jeden einzelnen: Sie müssen selbst herausfinden, was Ihnen am besten liegt.

Es ist klar, dass für diese Technik einige Beschränkungen gelten, und man sollte sich hierüber ganz im Klaren sein. So ist es z.B. unmöglich, mit Hilfe des eben behandelten Verfahrens die Dicke eines sehr dünnen (sagen wir 2 cm dikken) Rohres zu bestimmen, das sich in größerer Tiefe (1 m und mehr) befindet. Andererseits können wir durchaus die Dicke eines Kanalrohres mit einem Durchmesser von etwa 25 cm, das in einer Tiefe von etwa 0,5 m liegt, sicher ermitteln.

Es lassen sich zwar keine genauen Zahlen angeben – diese hängen von der Erfahrung des Rutengängers, aber auch von den unterirdischen Strömungsverhältnissen ab –, jedoch können wir als Faustregel gelten lassen, dass der Durchmesser eines Rohres noch gut zu bestimmen ist, wenn die Tiefe (T), in der das Rohr liegt, nicht größer ist als das 4- bis 5fache des Durchmessers (D) des Rohres.

Kehren wir noch einmal zu der Reaktion zurück, die man mit dem Metallstab erhielt, während man die Finger langsam über den Boden führte. Diese Reaktion liefert nämlich noch mehr wichtige Informationen als nur den Rand des Wasserlaufs. Wenn Sie hiermit genügend häufig experimentiert haben und ein ausreichendes Gespür für diese Technik entwickelt haben, werden Sie in den meisten Fällen folgendes feststellen: Bei Annäherung an die eine Seite schlägt der Stab nach rechts (bzw. links) aus, während bei Annäherung an die Leitung von der anderen Seite der Stab umgekehrt nach links (bzw. rechts) ausgelenkt wird. Mit anderen Worten, der Stab weist in beiden Fällen in die gleiche Richtung: Dies ist die Strömungsrichtung des unterirdischen Wasserlaufs.

Dies ist natürlich eine sehr wichtige Information, denn hiermit ist es möglich, festzustellen, von woher das Wasser kommt oder umgekehrt, wohin es strömt. Dies versetzt uns in die Lage, z.B. einen unterirdischen Wasserlauf, den wir gefunden haben, stromaufwärts zu verfolgen und zu bestimmen, wo sich die Quelle befindet. Dies bringt uns zur zweiten konkreten Anwendung.

Das Verfolgen eines Wasserlaufs

Nehmen wir an, dass wir soeben mit einem unserer Wünschelinstrumente einen unterirdischen Wasserlauf oder eine Wasserader entdeckt und anhand der festgestellten Reaktionen die Strömungsrichtung des Wassers festgestellt haben. Wenn wir nun diesem Wasserlauf folgen, benutzen wir am besten die Metallstäbe, da diese in diesem speziellen Fall die genauesten Informationen darüber liefern, was sich unter der Erde abspielt. Nehmen wir einmal an, dass der Wasserlauf ein relativ schmales „Signalband" aufweist, d.h. dass die Wünschelrute nur in einem sehr schmalen Bereich eine Reaktion zeigt. Stellen Sie sich dann genau in die Mitte dieser Spur und bringen Sie beide L-förmigen Stäbe aus der Anfangshaltung in ihre neutrale Position. Konzentrieren Sie sich auf das, was Sie tun wollen, und beginnen Sie dann langsam in Längsrichtung des Stroms zu gehen (stromabwärts oder stromaufwärts). Halten Sie die Stäbe ständig gut im Auge und beobachten Sie ihre Reaktionen.

Es kann geschehen, dass beide parallel zueinander mehr oder weniger stark nach einer Seite ausgelenkt werden: Dies bedeutet, dass die Leitung oder die Wasserader in der Richtung der Stäbe weiterverläuft und damit einen Bogen bzw. eine Abzweigung macht. Im Grunde wirken die Stäbe damit als Wegweiser, und wenn man in der angegebenen Richtung weitergeht, folgt man automatisch dem Wasserlauf. Hierbei müssen Sie allerdings stets auf der Hut sein und sich nicht zu schnell auf den exakten Verlauf der Leitung oder der Wasserader festlegen, die Sie verfolgen. Wie bei allen anderen Wünschelrutentechniken tun Sie gut daran, die Resultate einige Male zu überprüfen, indem Sie z.B. mehrmals vom gleichen Startpunkt oder auch von einigen anderen Startpunkten aus den Verlauf verfolgen. Erst wenn Sie mehrmals den gleichen Verlauf finden, können Sie ziemlich sicher sein, dass die Reaktionen zuverlässig sind.

In manchen Fällen können die richtungsangebenden Stäbe Sie auf einen zickzackförmigen Weg führen. Dabei kann es natürlich sein, dass der unterirdische Wasserlauf sich tatsächlich stark windet (Abb. 27a); in der Regel weist ein solcher Verlauf jedoch auf etwas anderes hin, nämlich einen sehr breiten Wasserlauf. Dies ist in Abb. 27b illustriert: Die Zickzacklinie passt genau in eine Wasserspur, deren Ränder durch die Umkehrpunkte des zurückgelegten Weges markiert sind. Um sicher zu sein, dass man es tatsächlich mit einem breiten Wasserstrom zu tun hat und nicht mit einem stark gewundenen, empfiehlt es sich, sich dem so gefundenen Wasserlauf an ver-

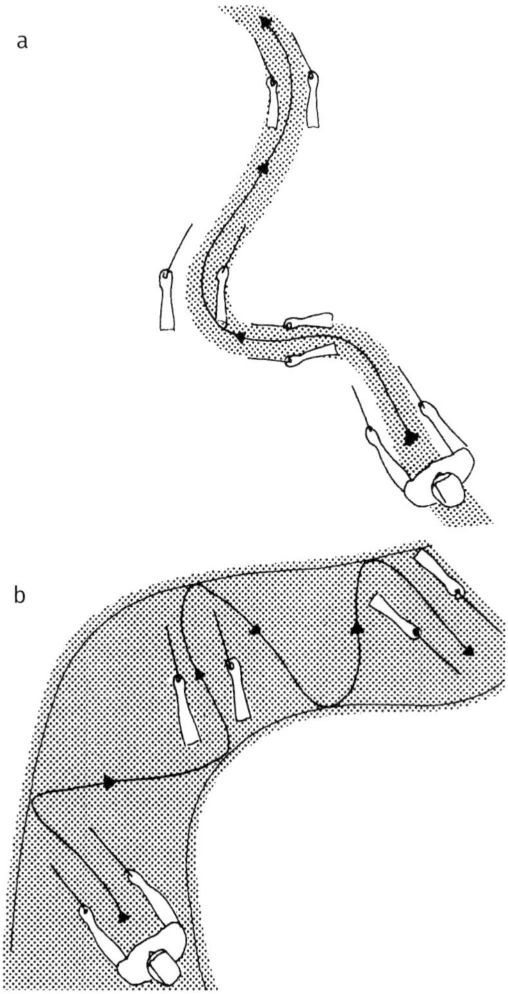

27

Das „Verfolgen" einer Wasserader: (a) Die parallele Drehung der Stäbe zeigt die Richtung an. Eine Zickzacklinie (b) ist ein Hinweis auf einen breiten Wasserlauf.

schiedenen Stellen von beiden Seiten zu nähern und zu prüfen, ob dessen Ränder sich in der Tat in so großem Abstand voneinander befinden.

Wenn man bei einem breiten Wasserstrom die Verfolgungstechnik mehrmals anwendet und dabei von verschiedenen Punkten ausgehend beginnt, wird sich zeigen, dass die von den Stäben angegebene Zickzacklinie nicht immer die gleiche ist. In der Tat passen auch unendlich viele Zickzacklinien in die gleiche breite Spur. Wenn Sie jedoch gut gearbeitet haben, müssen allerdings die Wendepunkte der Zickzacklinien stets an den beiden Rändern des Wasserstroms liegen; dies ist eine gute Kontrolle der Zuverlässigkeit der Verfolgungstechnik.

Außer der parallelen Verdrehung können an den Stäben jedoch auch noch zwei andere Reaktionen auftreten, die beim „Verfolgen" einer Leitung oder eines Stromes von Bedeutung sind. Diese Reaktionen sind in Abb. 28 dargestellt: In beiden Fällen bleibt einer der Stäbe in Vorwärtsrichtung, während der andere sich nach innen bzw. außen dreht. Wenn der reagierende Stab nach außen dreht, bedeutet dies, dass unterirdisch eine Gabelung oder Abzweigung des Wasserlaufs besteht (Abb. 28 a), während ein nach innen drehender Stab eine zweite, kreuzende Leitung bzw. Wasserader anzeigt (Abb. 28 b). Die Richtung, in der der ausgelenkte Stab weist, stimmt in etwa mit der Richtung überein, in der die Abzweigung bzw. die kreuzende Leitung verläuft. An einer solchen Stelle müssen Sie daher eine Entscheidung treffen: Wollen Sie der Abzweigung bzw. der kreuzenden Leitung folgen oder dem Hauptstrom? Manchmal empfiehlt es sich, einen solchen „Knotenpunkt" zu markieren und erst einem der beiden Ströme zu folgen, um anschließend den anderen Strom zu untersuchen.

Es kann auch vorkommen, dass beim Verfolgen eines Wasserlaufs beide Stäbe aufeinander zudrehen und sich vielleicht sogar vollständig kreuzen. In diesem Fall haben Sie es höchstwahrscheinlich mit einer kreuzenden Ader zu tun, die ein viel stärkeres Signal liefert als der Wasserlauf, dem Sie eben folgten.

Wenn Sie nicht sicher sind, wie Sie einen solchen Knotenpunkt beurteilen sollen, weil vielleicht die Stäbe die seltsamsten Reaktionen zeigen, empfiehlt es sich, den Punkt deutlich mit einem Fähnchen zu markieren und auf irgendeine Weise näher zu untersuchen. Am besten schreitet man einen Kreis mit einem Radius von etwa 3 - 4 m um dem markierten Punkt ab und bestimmt mit der üblichen positionsbestimmenden Technik (hierfür eignet sich jedes der besprochenen Instrumente) die genaue Lage der einzelnen Ströme oder Leitungen auf dem Kreis. Wiederholen Sie dann dieses Verfahren gegebenenfalls mit einem größeren Kreis von z.B. 6 m Durchmesser. Das Anfertigen von Notizen oder einer Skizze kann manchmal für die Interpretation der gefundenen Signale sehr nützlich sein. Mit diesem Verfahren bekommt man schnell eine gute Vor-

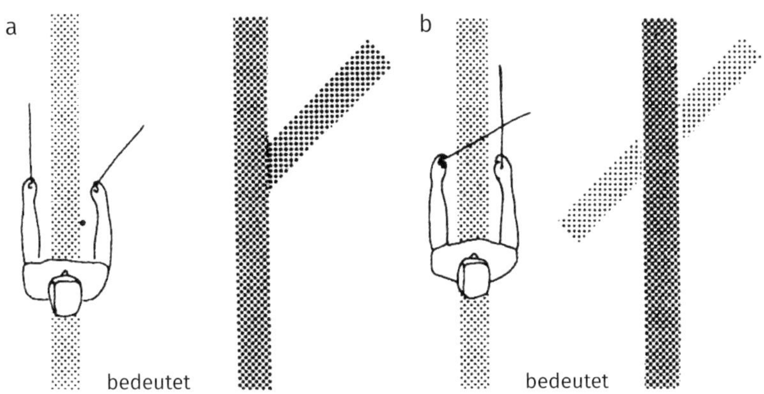

28
Die Reaktion bei (a) einer Gabelung oder Verzweigung und (b) einer kreuzenden Leitung bzw. Wasserader

stellung von den genauen Verhältnissen am Knotenpunkt, und man kann sich dann die verwirrende Reaktion der Wünschelrute vielleicht besser erklären.

Eine sehr reizvolle Aufgabe ist das Aufspüren eines Lecks in einer Wasserleitung oder einem Kanalrohr. Bestimmen Sie hierzu erst mit Hilfe der normalen positionsbestimmenden Technik den Verlauf der betreffenden Leitung, in der Sie ein Leck vermuten. Stellen Sie sich dann über die Leitung und gehen Sie diese wie oben beschrieben ab, wobei Sie am besten die L-förmigen Metallstäbe benutzen. Genau über dem Leck werden sich die Stäbe dann aufeinander zu drehen und sich vielleicht kreuzen, wenn das Signal stark genug ist. Wie wir allerdings schon erwähnt haben, kann diese Reaktion auch etwas anderes bedeuten, nämlich das Vorhandensein einer kreuzenden Leitung unter oder über der Leitung, die Sie verfolgen. Man hüte sich also vor voreiligen Schlussfolgerungen.

Es lässt sich jedoch sehr einfach feststellen, ob es sich tatsächlich um einen Kreuzungspunkt von Leitungen handelt, indem man um den bewussten Reaktionspunkt (den man mit einem Fähnchen markieren sollte) einen Kreis mit einem Radius von einigen Metern abgeht: Wenn sich dort zwei Leitungen oder Wasserströme kreuzen, müssen Sie auf diesem Kreis genau vier Reaktionen bekommen. Wenn Sie nur an zwei Stellen einen Ausschlag erhalten, bedeutet dies zwangsläufig, dass hier nur eine Leitung verläuft und dass der Reaktionspunkt an dieser Leitung den Ort des Lecks angibt. Das Maß der Verdrehung der Stäbe (das heißt die Signalstärke) über dem Leck ist ein Maß für die Größe des Lecks, d.h. für die Menge des versickernden Wassers. Wenn die undichte Leitung nicht zu tief liegt, können Sie die Wünschelrutenreaktionen sehr einfach überprüfen, indem Sie mit einem Spaten ein Loch zu graben beginnen. Sie werden dann in einer Tiefe von wenigen Spatenstichen feststellen, dass der Boden sehr feucht ist, auch wenn die Leitung noch einen halben Meter tiefer liegt: Dies ist eine Folge der Kapillarwirkung des Bodens.

In der gleichen Weise lassen sich Verstopfungen in einer Abwasserleitung auf spüren: Beim Abgehen einer Leitung zeigen die Stäbe genau über der verstopften Stelle einen Ausschlag. Eigenartigerweise ist diese Wünschelrutenreaktion bei jedem Menschen verschieden. Bei manchen Rutengängern treten die Stäbe über der verstopften Stelle nach außen, bei anderen gerade nach innen. Diese letztere Reaktion ist natürlich sehr verwirrend, da sie auch das Vorhandensein von Lecks und kreuzenden Leitungen anzeigen kann. Seien Sie also vorsichtig mit voreiligen Schlussfolgerungen!

9 Der Reaktionsausschlag als Indikator der Signalstärke

Bei der Besprechung der Grundtechnik mit den L-förmigen Stäben (Kapitel 1) wurde bereits erwähnt, dass die Stäbe an bestimmten Stellen manchmal stärker aufeinander zudrehen als an anderen Stellen, auch wenn Sie sie genau in der gleichen Weise festhalten. Das Maß der Verdrehung hängt nämlich erheblich von der Signalstärke ab, die der unterirdische Gegenstand liefert. Auch beim Gehen mit der V-Rute oder dem Gabelzweig werden Sie vielleicht festgestellt haben, dass dieses Instrument an manchen Orten kräftiger ausschlägt als an anderen Stellen, wenn auch dieser Effekt durch die „Alles-oder-nichts"-Reaktion dieser Wünschelrute nicht so einfach wahrzunehmen ist.

Da die Signalstärke auch sehr viel über die Art des unterirdischen Objekts aussagt, ist es sehr nützlich, die Reaktionsstärke – die Größe des Ausschlags – auf die eine oder andere Weise zu quantifizieren, d.h. zahlenmäßig auszudrükken. Dies ist allerdings nicht so einfach, wie es vielleicht scheinen mag, vor allem deshalb, weil die Empfindlichkeit eines Rutengängers niemals konstant ist (u.a. eine Folge von Ermüdungserscheinungen), aber auch von Tag zu Tag auf Grund der sich ändernden Witterungseinflüsse schwanken kann. Hinzu kommt noch, dass der Reaktionsausschlag auch von Person zu Person unterschiedlich sein kann: Wo der eine Rutengänger eine starke Reaktion erhält, nimmt der andere vielleicht eine schwache Reaktion wahr. Dennoch wollen wir in diesem Kapitel angeben, wie man für sich selbst eine Beziehung zwischen Reaktionsausschlag und Signalstärke herstellen kann.

Die Signalstärke hängt von verschiedenen Faktoren ab. Im Fall einer unterirdischen Wasserleitung ist dies z.B. in erster Linie die Tiefe, in der sich die Leitung befindet: Je größer die Tiefe, desto schwächer das Signal, das an der Oberfläche feststellbar ist. Außerdem ist die Wassermenge ein wesentlicher Parameter. Je mehr Wasser in einer bestimmten Tiefe vorhanden ist (oder strömt), desto stärker ist das gemessene Signal. Zusammengefasst bedeutet dies, dass die Signalstärke einer unterirdischen Wasserleitung abhängt von der Tiefe, in der sie sich befindet, dem Durchmesser des Rohres und der Durchflussmenge. In Kapitel 8 wurden einige Techni-

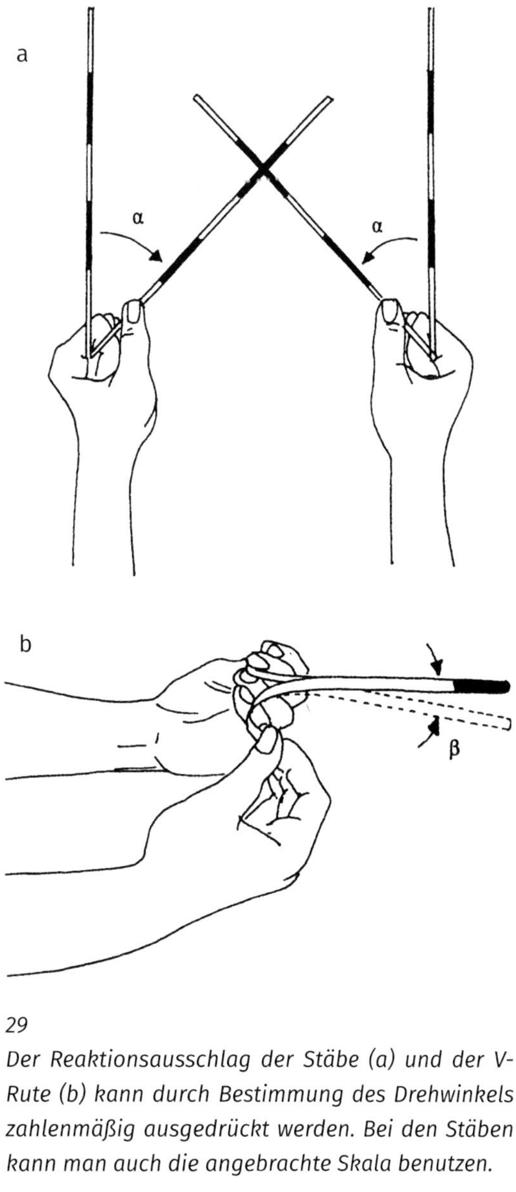

29

Der Reaktionsausschlag der Stäbe (a) und der V-Rute (b) kann durch Bestimmung des Drehwinkels zahlenmäßig ausgedrückt werden. Bei den Stäben kann man auch die angebrachte Skala benutzen.

ken behandelt, mit denen man die Tiefe und den Durchmesser des Rohres mit ziemlich großer Genauigkeit feststellen kann. Wenn Sie diese Werte kennen, sollte es möglich sein, aus dem Ausschlag des Instrumentes direkt oder indirekt die Menge des in der Zeiteinheit durchfließenden Wassers (z.B. Liter pro Minute) herzuleiten.

Bevor wir hierauf näher eingehen, sollten vielleicht erst einige Worte über die Größe des Ausschlags gesagt werden. In Kapitel 1 wurde bereits beschrieben, wie man mit Hilfe der auf den Stäben anzubringenden Klebestreifen die Verdrehung der sich kreuzenden Stäbe messen kann. In dieser Weise ist es möglich, die Reaktion des Instrumentes mit einer Zahl auszudrücken, die damit ein Maß ist für die wahrgenommene Signalstärke. Hierbei ist es jedoch unbedingt wichtig, dass die Hände ständig im gleichen Abstand voneinander bleiben. Es gibt jedoch noch ein anderes Verfahren zur Quantifizierung des Ausschlags, und zwar die Messung des Winkels, um den sich die Stäbe gegenüber der neutralen Position in Vorwärtsrichtung verdrehen. Dies ist in Abb. 29 a illustriert: Der Ausschlag von „1,5 Einheiten" entspricht hier einem Verdrehungswinkel von etwa $\alpha = 45°$. Bei den meisten Anwendungen reicht es aus, wenn man diesen Winkel auf 10° genau schätzen oder messen kann. Vor allem bei sehr schwachen Signalen (wenn die Stäbe sich noch nicht kreuzen) ist diese Winkelmessung ein praktisches Verfahren zur Messung der Signalstärke.

Bei der V-Rute ist die Angelegenheit etwas schwieriger, da die Spitze in den meisten Fällen entweder wegschnellt oder keine Reaktion zeigt; dies liegt in der Natur dieses Instrumentes. Vielleicht haben Sie jedoch beim Arbeiten mit der V-Rute festgestellt, dass das Wegschnellen der Spitze einmal mit mehr und einmal mit weniger Kraft erfolgt. Dies ist dann bereits ein Hinweis auf den Unterschied der gemessenen Signalstärke. Bei der Besprechung der V-Rute in Kapitel 2 wurde erläutert, wie man das Instrument im labilen Gleichgewicht halten muss, damit die Spitze beim geringsten Signal plötzlich wegspringt. Um nun die Signalstärke besser bestimmen zu können, ist es nötig, die beiden Enden der V-Rute etwas anders zu halten, als man es sich angewöhnt hat: Statt das Instrument so locker zu halten, dass es aus seinem labilen Gleichgewicht wegspringen kann, klemmen wir jetzt die Enden mit einiger Kraft zwischen Daumen und Zeige- und Mittelfinger jeder Hand fest. Dies muss so geschehen, dass der Spannungsaufbau (die Biege- und eventuell die Torsionsspannung) in der Wünschelrute unverändert bleibt. Der einzige Unterschied zur normalen Handhabungsweise liegt darin, dass die Spitze über einem Reaktionsort wegspringen will, aber nicht kann. Wenn man also z.B. über eine unterirdische Leitung geht und die Enden fest zwischen den Fingern hält, wird man sehen (und vor allem auch fühlen!), dass die Spitze nur ein wenig nach oben geht. Offensichtlich ist bei dieser Haltetechnik die vertikale Verschiebung der Spitze (der Ausschlag) ein Maß für die Signalstärke. Versuchen Sie in dieser Weise zunächst einmal (möglichst bei bekannten Wasserleitungen) herauszufinden, wie sich verschiedene Signalstärken anfühlen und wie die Spitze darauf reagiert. Es ist klar, dass man nur dann eindeutige Ausschläge bekommt, wenn man die V-Rute stets in der gleichen Weise festhält, damit der Spannungsaufbau im Instrument auch stets der gleiche ist. Wenn Sie hierin eine gewisse Fertigkeit und Erfahrung erworben haben, können Sie die gemessene Signalstärke zahlenmäßig ausdrücken, indem Sie den Winkel messen (oder schätzen), den die Wünschelrute bei der Reaktion zur ursprünglichen horizontalen Ausgangslage bildet. Dies ist in Abb. 29 b dargestellt. Beachten Sie unbedingt, dass dieser Winkel sehr stark von der Art der Handhabung abhängt und damit – auch am gleichen Reaktionsort – von Person zu Person schwankt. Da das krampfhafte Festhalten sehr ermüdend ist, empfehlen wir, dies nicht zu lange zu tun und immer wieder Ruhepausen einzulegen. Durch die Verkrampfung der Hand- und Armmuskeln besteht die große Gefahr, dass die Empfindlichkeit für das Signal stark abnimmt und damit auch die Zuverlässigkeit Ihrer Wahrnehmungen.

Wie bereits erwähnt, ist der Reaktionsausschlag bei jedem Rutengänger anders. Deshalb muss man für sich selbst die Größe des Ausschlags „eichen", d.h. man muss experimentell feststellen, welcher Zusammenhang zwischen der auftretenden Reaktion und dem Wasserstrom besteht (um einmal bei diesem Beispiel zu bleiben). Dies tut man am besten bei einer bekannten Wasserleitung, deren Durchflussmenge man selbst regeln kann. Hierfür eignet sich etwa eine Wasserleitung, die vom Haus zu einem im Garten befindlichen Wasserhahn verläuft. Dabei kann man die Durchflussmenge – und damit die Signalstärke – einfach verändern, indem man den Hahn mehr oder weniger weit öffnet. Die Durchflussmenge ist einfach zu messen, indem man am Hahn einen Eimer mit einem bestimmten Fassungsvermögen (V) volllaufen lässt. Gleichzeitig misst man die Zeit, die bis zum Volllaufen des Eimers verstreicht. Die Durchflussmenge (Q) durch die Leitung ist dann Q = V/t. Wenn z.B. ein Eimer mit V = 8 l in 30 Sekunden (t = 30 Sekunden) vollläuft, beträgt der Volumenstrom genau 16 l/ Min. Ein Eimer mit drei Litern, der in fünfzehn Sekunden (t =15 Sekunden) gefüllt ist, ergibt nach diesem Formel eine Durchflußmenge von 12 l/Min. Bei den meisten Haushaltsanschlüssen ist dies etwa der Höchstwert, der erreicht werden kann.

Das Eichen der Wünschelrute erfolgt am besten so, dass man verschiedene Strömungsgeschwindigkeiten herstellt und die entsprechenden Rutenausschläge misst. Gehen Sie bei jedem Eichvorgang aus einem gewissen Abstand (einige Meter) auf die Wasserleitung zu, wobei Sie die Wünschelrute stets in der neutralen Position halten; es ist zwar möglich, auch mit gekreuzten Stäben oder aufgerichteter V-Rute im Stillstand über der betreffenden Leitung eine sich verändernde Signalstärke zu messen, jedoch gelingt dies nur außerordentlich erfahrenen Rutengängern. Da es manchmal schwierig ist, selbst den Ausschlagwinkel des Instruments genau zu ermitteln, empfiehlt es sich, eine andere Person zu bitten, diesen Winkel zu messen, z.B. mit einem Winkelmesser.

Tragen Sie die Messwerte in eine Tabelle ein, und vergessen Sie nicht (und dies gilt eigentlich für alle Wünschelrutenergebnisse), die Werte mehrmals zu überprüfen. Um die Objektivität der Eichung zu erhöhen, könnten Sie jemanden bitten, den Wasserstrom beliebig zu variieren und nach dem Eimerverfahren zu messen; damit können Sie die Eichung völlig unbeeinflusst vornehmen, da Sie die Größe des Wasserstroms dabei noch nicht kennen. Die nachfolgende Tabelle ist ein Beispiel für die Eichung mit den Metallstäben und der V-Rute.

Beispiel für eine Eichtabelle

	Metallstäbe		V-Rute
Durchflussmenge	Skalenteile	Drehwinkel α	Drehwinkel β
0 (jedoch Wasser vorhanden)	0	30°	10°
3 l/Min.	1	38°	15°
6 l/Min.	1 ½	44°	20°
9 l/Min.	2	52°	35°
12 l/Min.	2 ½	70°	50°
15 l/Min.	-	90°	70°

Diese Tabelle zeigt, wie Sie Ihre eigenen Eichresultate aufschreiben können. Beachten Sie jedoch, dass dies nur ein Beispiel ist, eben die Ergebnisse eines anderen Rutengängers; wenn Sie selbst eine Tabelle anlegen, wird diese wahrscheinlich andere Werte enthalten. Außerdem müssen wir natürlich im Auge behalten, dass die vorgenommene Eichung für eine Wasserleitung eines bestimmten Durchmessers in einer bestimmten Tiefe gilt. Versuchen Sie daher auch einmal, Leitungen mit einem anderen Durchmesser zu finden, die tiefer oder flacher eingegraben sind, und versuchen Sie, eine ähnliche Eichung vorzunehmen. Die meisten Leitungen liegen nicht tiefer als etwa einen Meter, und wenn Sie daher z.B. bei Leitungen in einem und einem halben Meter Tiefe Eichungen durchführen können, haben Sie damit vermutlich genügend Werte, um den Durchfluss in einer beliebigen Leitung bestimmen zu können.

Zusammengefasst läuft das Verfahren also wie folgt ab: Spüren Sie zunächst die Leitung auf, ermitteln Sie anschließend nach der Bischofsregel die Tiefe, und wenden Sie dann die in Kapitel 8 beschriebene Technik an, um den Durchmesser des Rohrs festzustellen. Wenn Sie diese Daten ermittelt haben, können Sie anschließend mit Hilfe der Eichtabellen die Menge des durchfließenden Wassers feststellen. Es empfiehlt sich, die Eichung regelmäßig zu wiederholen, da Sie feststellen werden, dass Ihre Empfindlichkeit für die Signale Schwankungen unterliegt. Ein anderer Faktor, der „Rauschen" erzeugt, ist die (tägliche) Schwankung der atmosphärischen Bedingungen. Es ist natürlich in der Praxis nicht möglich, täglich eine Eichung vorzunehmen; berücksichtigen Sie daher, dass Ihre Ergebnisse niemals 100%ig sein können, und bauen Sie daher für sich selbst eine „Sicherheitsspanne" ein.

Bis hierher haben wir uns nur mit den Metallstäben und mit der V-Rute befasst. Gabelzweig und Pendel bieten grundsätzlich für die Bestimmung der Signalstärke anhand des Instrumentenausschlags die gleichen Möglichkeiten. Die „natürliche" Wünschelrute – der Gabelzweig – kann jedoch austrocknen und verliert dadurch allmählich die Elastizität, so dass die Empfindlichkeit für bestimmte Signale im Laufe der Zeit rasch abnimmt. Aus diesem Grund halten wir dieses Instrument für die Messung von Signalstärken für weniger geeignet. Das Pendel ist in dieser Hinsicht überhaupt ein schwieriges Instrument und wird deshalb hier auch nicht weiter betrachtet.

Ein anderes interessantes Experiment ist die Bestimmung der Signalstärke bei einer elektrischen Leitung. Wenn Sie einen Regeltrafo oder einen Dimmer haben, können Sie damit die Spannung (und damit auch die Stromstärke) regeln und so die Signalstärke mit dem Ausschlag Ihres Instrumentes vergleichen. In Abb. 30 ist schematisch gezeigt, wie man mit ganz einfachen Mitteln (einem Dimmer, einem Voltmeter und einer Lampe) einen Versuchsaufbau herstellen kann, mit dem der Ausschlag der Wünschelrute in Abhängigkeit von der Stromstärke in einer elektrischen Leitung analog zu dem oben besprochenen Wasserleitungsexperiment geeicht werden kann. Bedenken Sie jedoch, dass der Umgang mit Elektrizität erheblich gefährlicher sein kann als das Experimentieren mit Wasser – lassen Sie daher Vorsicht walten.

Auch bei anderen Objekten als einer unterirdischen Wasserleitung oder einem elektrischen Draht können wir dem Ausschlag der Metallstäbe oder der V-Rute wichtige Informationen über diesen Gegenstand entnehmen. In diesem Zusammenhang verweisen wir hier auf die „Wohnzimmerversuche", die in Kapitel 6 erwähnt wurden: Es ist z.B. interessant, das Signal einer angefaulten Frucht täglich zu messen und zu ermitteln, welcher Zusammenhang zwischen dem Grad der Fäulnis und der Signalstärke besteht. Ist dies für alle Obstsorten gleich, oder hängt die Signalstärke vom jeweiligen Obst ab? Solche Fragen können wir auch für kränkelnde Zimmerpflanzen stellen, und man braucht nicht viel Phantasie, um noch weitere Aufgabenstellungen und Anwendungen zu ersinnen.

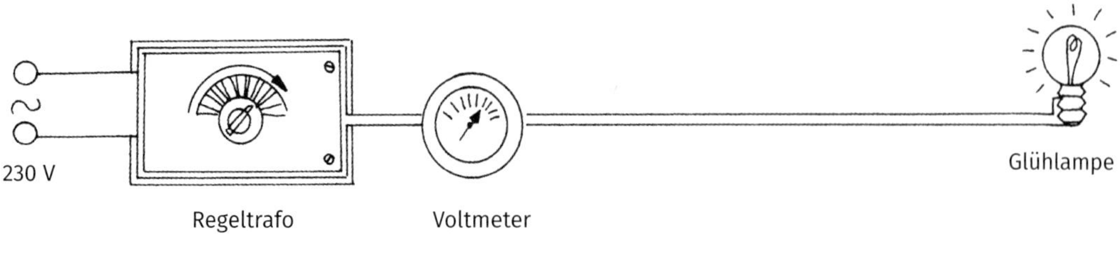

30 Eine einfache Schaltung zum Eichen des Rutenausschlags bei elektrischen Leitungen.

10 Gemeinsames Rutengehen

Viele Menschen glauben, dass Rutengehen etwas für Einzelgänger ist, eine Freizeitbeschäftigung, die man nur alleine betreiben kann. Vielleicht haben Sie auch bei der Lektüre der vorigen Kapitel, in denen wir die unterschiedlichen Techniken und Anwendungen der Wünschelrute behandelt haben, diesen Eindruck bekommen. In mancherlei Hinsicht ist es tatsächlich besser, alleine zu arbeiten, da die Anwesenheit anderer (vor allem die Bemerkungen von „Kiebitzen") manchmal die Konzentration sehr stören kann. Häufig ist es viel angenehmer, wenn man ungestört und in aller Ruhe arbeiten kann, ohne die neugierigen, erwartungsvollen und manchmal auch überkritischen Blicke von Umstehenden auf sich und sein Instrument geheftet zu wissen. Dies gilt insbesondere für die Lernphase, wenn man den Unterschied zwischen echten und Störsignalen noch nicht sicher erkennt und man sich besonders gut konzentrieren muss.

Es ist natürlich etwas anderes, wenn Ihnen ein etwas erfahrenerer Rutengänger hilft, bestimmte Techniken ins Gespür zu bekommen: Die Anwesenheit und die Ratschläge eines solchen Helfers sind sehr wertvoll und können überaus inspirierend sein. Auch kann beim Erlernen spezifischer Techniken die Anwesenheit eines Menschen, der ebenso erfahren oder unerfahren ist wie Sie selbst, durchaus eine Stütze sein, ein Antrieb zum Weitermachen, wenn etwas nicht sofort gelingt, aber auch eine gute Möglichkeit zur Überprüfung Ihrer Wünschelrutenreaktionen.

Neben der Überprüfung der gegenseitigen Ergebnisse – indem man z.B. nacheinander die gleichen Routen abgeht, die gleiche Technik anwendet usw. – gibt es noch eine besonders gute Übung, die man zu zweit ausführen muss. Sie können hierfür im Prinzip alle Instrumente verwenden, jedoch gelingt es am besten mit den L-förmigen Stäben. Hierfür braucht man nur zwei Stäbe, da jeder von beiden nur einen Stab festhält, vorzugsweise in der gleichen Hand wie der andere. Spüren Sie erst mit Hilfe der üblichen Positionsbestimmungstechnik eine unterirdische Wasserleitung oder etwas Ähnliches auf, und markieren Sie diese. Nun stellt sich eine der beiden Personen genau auf diese Signalspur und bringt aus der Ruhehaltung den einen Stab in die neutrale Arbeitsposition, d.h. er muss genau nach vorne zeigen. Den anderen freien Arm lässt man entspannt am Körper herabhängen. Diese Person bleibt auf der Signalspur stehen und konzentriert sich vollständig auf ihr Instrument. Die andere bringt in einer Entfernung von einigen Metern ebenfalls ihr Instrument in die neutrale Ar-

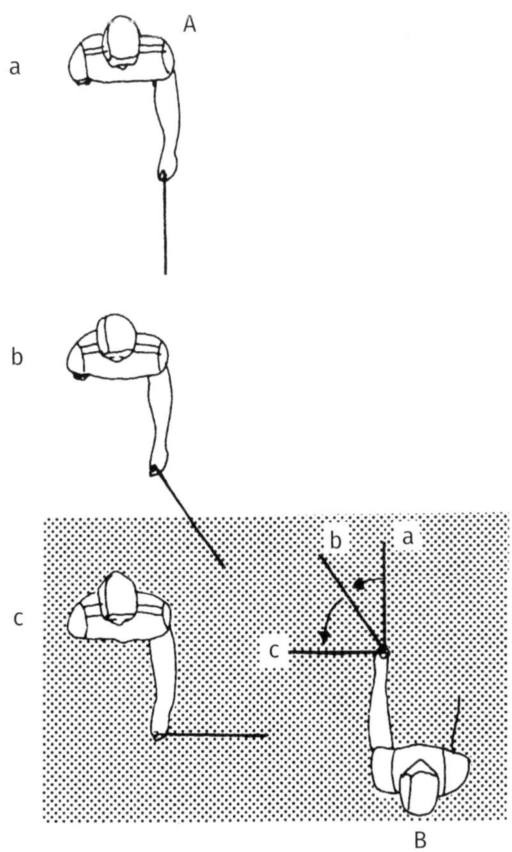

31
Ein interessantes Experiment für zwei Personen: Person B, die auf einer Signalspur steht, stellt fest, dass sich bei Annäherung von Person A ihr Metallstab zu drehen beginnt.

beitsposition, wobei der freie Arm wieder locker am Körper herabhängt.

Wenn Sie das Instrument dann unter Kontrolle haben, beginnt diese Person (in Abb. 31 mit A bezeichnet) sehr langsam so nach vorne zu gehen, dass sie schließlich nahe an der anderen (B) vorbeigeht. A und B halten den Stab jeweils in der zur anderen Person liegenden Hand. Nun zeigt sich, dass bei Annäherung von A an den Wasserlauf, wenn der Abstand zwischen A und B nur mehr einige Meter beträgt, die Stäbe sowohl von A als auch von B langsam, aber sicher zu drehen beginnen: Der Stab von A zeigt dann nach B, derjenige von B dreht sich in Richtung von A. Beides ist in Abb. 31 skizziert. Die Lage der Stäbe von A und B ist für drei Positionen (A, B und C) der gehenden Person A gezeichnet. Das Verdrehen der Stäbe bei dieser Technik ist ein aufregendes Phänomen, und soweit die Autoren wissen, gibt es hierfür noch keine wissenschaftliche Erklärung.

Vor allem für die stehende Person (B) ist die Reaktion ihres Instruments ein besonderes Erlebnis, da die Bewegung des Stabes ausschließlich durch jemand anderen erzeugt wird. Es ist eine wirklich faszinierende Erfahrung, und wir empfehlen sehr, diese Übung einmal mit jemandem zusammen durchzuführen. Hinzu kommt, und dies macht das Ganze noch rätselhafter, dass diese Übung auch mit jemandem ausprobiert werden kann, der noch niemals eine Wünschelrute in Händen hatte. Nehmen wir z.B. an, dass die gehende Person (A) die ungeübte ist, und dass ihr Stab beim Gehen (wegen fehlender Erfahrung) nicht reagiert und die Richtung nach vorwärts beibehält. Wenn Sie selbst Person B sind und sich auf die Signalspur stellen, werden Sie feststellen, dass bei Annäherung von A Ihr Instrument dennoch zu drehen beginnt, obwohl A ungeübt ist und selbst keine Reaktion feststellt. Eine faszinierende Erscheinung!

Eine andere reizvolle Beschäftigung für zwei oder mehr Personen ist die Organisation von Wettbewerben beim Aufspüren bestimmter Objekte. Sie können dies im Freien tun, aber es gibt auch Möglichkeiten, so etwas im Haus zu organisieren.

Ein Feld-Wettbewerb kann z.B. so aussehen, dass die einzelnen Teilnehmer nacheinander (ohne dass sie sich gegenseitig bei ihrer Tätigkeit beobachten können) ein bestimmtes Gelände auf das Vorhandensein von Leitungen, Wasseradern und anderen signalgebenden Objekten absuchen. Lassen Sie jeden Teilnehmer seine Befunde in eine vorbereitete Karte des Geländes einzeichnen. Zur Erleichterung könnte man das Gebiet in Planquadrate unterteilen, so dass die Stellen der jeweiligen Wünschelrutenreaktionen genau bestimmt und auf dem Plan eingezeichnet werden können.

Es empfiehlt sich, die Teilnehmer unter der Aufsicht eines geeigneten Schiedsrichters, (der selbst ein erfahrener Rutengänger ist) arbeiten zu lassen und außerdem vorher von diesem Unparteiischen vor Beginn des Wettbewerbs das Gelände untersuchen und „kartieren" zu lassen. Wählen Sie vorzugsweise ein Gelände, auf dem verschiedene Objekte zu finden sind (z.B. eine Hauptwasserleitung, eine Elektrizitätsleitung, Abwasserrohre, Stellen mit hohem Grundwasserspiegel usw.), und legen Sie für jedes dieser Objekte entsprechend der jeweiligen Signalstärke eine bestimmte Punktzahl fest. Wenn die Teilnehmer schon etwas erfahrener sind, können Sie z.B. noch einen Bonus anbieten für diejenigen, die die Tiefe des gefundenen Objekts bestimmen können oder bei Wasserleitungen oder -adern die Strömungsrichtung. Sie können für jeden Wettbewerb das zu benutzende Instrument vorgeben, jedoch ist es auch möglich, den Teilnehmern freie Wahl hinsichtlich des Instruments zu lassen.

Man kann sogar eine Wettbewerbsserie durchführen, indem man, wenn sich ein fester Teilnehmerstamm gebildet hat, immer wieder auf einem anderen Gelände gegeneinander antritt. Dies ist nicht nur eine höchst lehrsame, sondern auch eine sehr angenehme Beschäftigung, da man durchwegs viel von den Erfahrungen anderer profitiert.

Auch im Hause kann man Aufspürwettbewerbe abhalten, und dies ist manchmal gar nicht anders möglich, wenn die Witterungsbedingungen eine Durchführung im Freien unmöglich machen. Sie brauchen hierfür einen großen Tisch (mindestens 1 x 2 m) und ein großes Bett- oder Tischtuch, das in einem Abstand von etwa 20 cm über der Tischplatte gespannt wird. Das Tuch muss sehr straff gespannt werden; zu diesem Zweck knotet man am besten an den Zipfeln Schnüre fest. Die Teilnehmer müssen nun reihum mit Hilfe ihres Wünschelruteninstruments die Position von Gegenständen bestimmen, die ein Schiedsrichter auf den Tisch gelegt hat, die von den Spielern jedoch unter dem Laken nicht zu sehen sind. Wie in Kapitel 6 erläutert, benützt man hierzu am besten die V-Rute, da diese eine genaue Lokalisierungsreaktion aufweist. Als aufzuspürende Gegenstände eignen sich z.B. die in dem gleichen Kapitel genannten Gegenstände, wie etwa ein Päckchen Zigaretten oder ein angefaulter Apfel.

Eine hübsche Variante des Wettbewerbs besteht darin, diesen in mehreren Runden durchzuführen. In der ersten Runde kann z.B. die Position eines einzigen Gegenstands zu bestimmen sein, während man bei jeder weiteren Runde einen neuen Gegenstand hinzufügt; die bereits vorhandenen Gegenstände müssen dabei natürlich jeweils einen neuen Platz bekommen. Man kann bei einer bestimmten Anordnung der Gegenstände die Spieler einzeln in das Zimmer treten und anschließend die Gegenstände lokalisieren lassen; der Vorteil ist, dass alle Rutengänger sich dem gleichen Problem gegenübersehen.

Man kann jedoch auch die Lage der Gegenstände bei jedem Spieler verändern, während dieser sich draußen auf sein Experiment vorbereitet. In der letzten Runde des Wettbewerbs kann der Schiedsrichter eine beliebige Anzahl Gegenstände auf den Tisch legen, ohne dass der betreffende Spieler diese Zahl kennt. Dann lässt man jeden Teilnehmer (a) die Anzahl der Gegenstände, (b) die Position jeden Gegenstandes und (c) möglichst auch die Art jeden Gegenstands bestimmen.

Für jeden Wettbewerbsabschnitt legt man im Voraus die zu vergebende Punktzahl fest. Bei der Positionsbestimmung empfiehlt es sich, z.B. zwei Punkte zu vergeben, wenn die Angabe auf 5 cm genau ist, und einen Punkt, wenn die Abweichung zwischen 5 und 10 cm beträgt. Man könnte auch in Erwägung ziehen, jede Positionsangabe, deren Ungenauigkeit mehr als 10 cm beträgt, mit Strafpunkten zu belegen, um ein Raten zu verhindern. Manchmal ist es auch gut, ein Zeitlimit festzulegen, indem man jedem Teilnehmer pro Runde etwa 3 Minuten zubilligt.

Sie werden feststellen, dass diese wettbewerbsmäßigen Aufspürübungen äußerst lehrreich sind, da man gezwungen ist, die Rutenreaktionen ständig kritisch zu prüfen und mehrmals zu kontrollieren, da es sonst Punktabzüge gibt. Es versteht sich von selbst, dass die Gegenstände für die Teilnehmer vollkommen unsichtbar sein müssen; es sollte also ein wirklich undurchsichtiges Tuch über den Tisch gespannt werden. Es wurde auch schon vorgeschlagen, stattdessen dem Rutengänger die Augen zu verbinden. Natürlich sieht er dann die aufzuspürenden Gegenstände nicht, jedoch hat dies den Nachteil, dass er dann auch sein Instrument nicht mehr sieht, und dies macht es fast unmöglich, zuverlässige Reaktionen festzustellen. Es ist ja so, dass die Rückkopplung über die Augen des Rutengängers für eine Kontrolle der Wünschelrute und damit für die Sicherstellung einer zuverlässigen Funktion unverzichtbar ist. Es wäre also ein schwerer Fehler, die Wünschelrutenfähigkeiten eines Menschen in dieser Weise „objektiv" testen zu wollen.

Teil 3: Hintergünde

11 Wissenschaftliche Experimente

In diesem Buch wurde verschiedentlich am Rande erwähnt, dass es bis heute keine naturwissenschaftliche Erklärung für das Wünschelrutenphänomen gibt. Dies bedeutet allerdings nicht, dass man bisher noch nicht versucht hätte, die Echtheit der Erscheinungen nachzuweisen und die Wirkung der Wünschelrute zu erklären. In der Vergangenheit wurden sehr viele Versuche durchgeführt, vor allem von Naturwissenschaftlern, die „objektiv" untersuchen wollten, ob die Wünschelrute zuverlässige Ergebnisse liefern kann. Solche Untersuchungen haben sowohl positive als auch negative Ergebnisse gebracht; in manchen Fällen erreichten Rutengänger sehr beachtliche Ergebnisse, während sie bei einer Reihe anderer Experimente kaum die Zufallserwartung übertrafen, was dann häufig zu der „objektiven" Schlussfolgerung führte, dass es das Wünschelrutenphänomen nicht gibt. Unseres Erachtens ist bei solchen Schlussfolgerungen doch eine gewisse Vorsicht am Platze, da es schwierig ist, ein brauchbares Experiment aufzubauen, wenn man praktisch nichts über das Wirkungsprinzip weiß. Beim Durchlesen mancher Forschungsberichte fällt auf, dass die Forscher zwar eine nach ihrer Vorstellung „objektive, vorurteilsfreie Haltung" einnehmen, dass sie jedoch – da sie in vielen Fällen nichts über die Beschränkungen des Rutengehens wissen – schwere Fehler beim Aufbau ihrer Experimente begehen. So hat man z.B. Untersuchungen mit Rutengängern durchgeführt, denen die Augen verbunden waren; für uns ist es dann keine Überraschung, dass ein solcher Test die Zufallserwartung nicht signifikant übertrifft.

Im Jahre 1948 hat die *Koninklijke Nederlandse Academie van Wetenschappen* eine Kommission eingesetzt, die das Wünschelrutenphänomen gründlich untersuchen sollte. Die Befunde dieser Kommission, die sich aus mehreren Wissenschaftlern zusammensetzte, sind in einem Bericht nachzulesen, der 1954 erschien.

In diesem Bericht ist die Rede von einigen sehr unterschiedlichen Experimenten: Neben Versuchen mit Rutengängern, denen die Augen verbunden wurden, haben die Forscher auch mit Rutengängern experimentiert, die in einer fahrenden, geschlossenen Kabine saßen. Die Forscher maßen diesem Experiment große Bedeutung bei, wie u.a. aus dem folgenden Passus hervorgeht: „Da sich eine solche Kabine mit gleichmäßiger Geschwindigkeit fortbewegt, hat der Insasse keine Vorstellung davon, wie schnell er fährt", und dies sollte die Objektivität des Tests gewährleisten. Dies ist zwar im Grunde richtig gedacht, jedoch ist, wie wir wissen, eine langsame (Geh-)Geschwindigkeit von entscheidender Bedeutung, da die Wünschelrute eine gewisse Zeit braucht, um ansprechen zu können; außerdem ist das normale individuelle Tempo niemals konstant, und vor allem in der Nähe eines Reaktionspunkts braucht der Rutengänger noch zusätzlich Zeit, um sich ganz auf sein Instrument zu konzentrieren.

Man lässt hier eine grundlegende Voraussetzung außer Acht, dass nämlich eine ständige Rückkopplung zwischen dem Rutengänger und seinem Instrument bestehen muss (eine Augenbinde macht eine Korrektur unmöglich), und dass die Gehgeschwindigkeit in Abhängigkeit davon fortlaufend angepasst werden muss. Man kennt noch weitere solche Versuche, wobei man sich zwar ernsthaft bemüht, Suggestion auszuschließen, aber doch grundsätzliche Fehler im Versuchsaufbau beging.

So erschien z.B. vor einigen Jahren in der naturwissenschaftlichen Zeitschrift *Nature* ein Artikel über einen Versuch, bei dem Rutengänger eine bestimmte Anzahl (entschärfter) Minen aufspüren sollten, die in einem Testgebiet vergraben waren, das hierzu in Planquadrate eingeteilt wurde. Die Rutengänger sollten dann bei jedem Quadrat herausfinden, ob eine Mine vorhanden war oder nicht.

Natürlich ist so etwas mit der Wünschelrute möglich, jedoch erfordert das Aufspüren solcher isolierter Objekte eine sehr große Erfahrung. Wenn wir dann in diesem Artikel lesen, dass Rutengänger an dem Versuch teilnahmen, die kaum oder nur wenig geübt waren, dann ist es nicht erstaunlich, dass das „Rauschen" im Gesamtergebnis so groß ist, dass kein signifikanter Befund festgestellt werden kann. Für einen sinnvollen Test ist es besser, mit einfachen Dingen zu beginnen und dann möglichst die Ergebnisse der einzelnen Rutengänger zusammenzufassen.

Neben schlecht aufgebauten Versuchen, die zu statistisch nicht signifikanten Ergebnissen führten, werden in der Literatur auch zahllose Versuche beschrieben, die ein positives Ergebnis in dem Sinne brachten, dass die Experimentatoren die Existenz des Rutenphänomens durch ihre Versuche als erwiesen betrachten. Häufig fehlt hier jedoch eine einwandfreie statistische Analyse der Testergebnisse, und das macht es praktisch unmöglich, die Objektivität des Tests zu überprüfen. Es ist nicht undenkbar – und es sind verschiedene Fälle bekannt –, dass die Experimentatoren von ihrer Begeisterung beeinflusst sind und damit unbewusst eine subjektive Haltung hinsichtlich des Rutenphänomens einnehmen. Der Forschungsarbeit hinsichtlich der Wirkung der Wünschelrute ist damit natürlich nicht gedient.

Unserer Ansicht nach muss ein wissenschaftlicher Versuch bezüglich der Wirkung der Wünschelrute stets möglichst einfach aufgebaut sein. Außerdem sollte er mit einem erfahrenen Rutengänger durchgeführt werden. Es ist durchaus auch möglich, die Versuche mit mehreren Versuchspersonen durchzuführen, jedoch müssen dann die Ergebnisse der einzelnen Rutengänger getrennt erfasst werden, um zu verhindern, dass einige Versuchspersonen mit weniger überzeugenden Ergebnissen das Endergebnis unnötig verwässern.

Ein leicht durchführbares Experiment ist z.B. folgendes: Man lässt die Versuchsperson eine ihr unbekannte Route abgehen, die irgendwo von einer unterirdischen Wasserleitung gekreuzt wird. Der Wünschelrutengänger soll diesen Kreuzungspunkt ermitteln, wofür ihm genügend Zeit gegeben ist. Die Route sollte nicht zu kurz, d.h. mindestens 50 m lang sein, um dadurch die Möglichkeit eines Zufallstreffers gering zu halten. Die Route ist so zu wählen, dass es keine auffälligen Hinweise gibt (wie z.B. Hydranten oder Gullydekkel), die die Lage der Leitung verraten. Die Wertungskriterien für die Rutenreaktionen sollten vorab geklärt werden: Wenn die Versuchsperson die Lage der Leitung z.B. auf 1 oder 1,5 m genau ermittelt, gilt dies als „gefunden", während alle ungenaueren Resultate „falsch" sind. Für die Aussagefähigkeit des Versuchs ist es ganz wesentlich, dass es auf der Testroute wirklich nur einen einzigen Reaktionsort gibt, damit die Versuchsperson nicht unnötig verwirrt wird.

Da ein gutes oder ein schlechtes Ergebnis bei einem einzigen Test natürlich noch nicht viel besagt, empfiehlt es sich, die gleichen Versuchspersonen mehrere verschiedene (jedoch ähnliche) Routen untersuchen zu lassen. Nur dann können die Testergebnisse statistisch ausgewertet werden. Die Auswertung ist ein Kapitel für sich und kann im Rahmen dieses Buchs nicht beschrieben werden. Klar ist jedoch zumindest, dass eine bestimmte Versuchsperson, die bei zehn verschiedenen Tests acht (oder mehr) Treffer verbuchen kann, ein signifikantes Resultat erzielt hat, das nicht auf Zufall beruht. Natürlich kann man auch mit mehreren Versuchspersonen arbeiten, die unabhängig voneinander die Routen untersuchen. Es sollte dann jedoch sichergestellt sein, dass sie alle bei etwa gleichen Witterungsbedingungen arbeiten. Die Versuchsperson darf auch keine Markierungen anbringen, da dies die anderen Rutengänger positiv oder negativ beein-

flussen könnte. Der Versuch kann dahingehend abgewandelt werden, dass man eine Route mit mehreren Leitungen auswählt, jedoch führt dies dazu, dass der Zufall das Gesamtergebnis stärker beeinflusst. Man kann daher nur empfehlen, die Versuche so einfach wie möglich zu halten.
Außer für den „objektiven" Beweis der Zuverlässigkeit der Wünschelrute ist der Aufbau des oben beschriebenen Experiments auch für die Durchführung von Rutengänger-Wettbewerben geeignet.

In der Tat sind einige der in Kap. 10 (S. 51) genannten Wettbewerbsteile auch sehr gut für die Durchführung wissenschaftlicher Versuche geeignet. Ein Beispiel hierfür wäre der Tisch mit Gegenständen: Die Versuchsperson soll hier mit einer Wünschelrute die genaue Position eines für sie unsichtbaren Gegenstands bestimmen. Für eine einfache und objektive Beurteilung der Rutenreaktionen empfiehlt es sich, das Tuch mit einem Filzstift oder etwas ähnlichem in Planquadrate einzuteilen. Diese Quadrate sollten mindestens 25 x 25 cm groß sein; damit erhält man auf einem 1,50 x 1 m großen Tisch 24 gleiche Felder. Auch dieses Experiment sollte möglichst einfach gehalten werden; legen Sie nur einen einzigen Gegenstand auf den Tisch, und zwar in die Mitte eines der Felder. Der Gegenstand kann wiederum ein angefaulter Apfel, ein Päckchen Zigaretten o.ä. sein. Die betreffende Versuchsperson darf den Gegenstand vor Beginn des Tests sehen, und man sollte ihr Zeit geben, ihn mit ihrer Wünschelrute zu untersuchen, damit sie weiß, welches Signal sie aufspüren soll. Bei diesem Test (mit einem Tisch mit 24 Feldern) ist die Chance 1 : 24, dass die Position des Gegenstands durch Zufall gefunden wird. Der Einfluss des Zufalls kann noch weiter verringert werden, indem man das Experiment mehrmals wiederholt. Man sollte der Versuchsperson allerdings einige Ruhepausen gönnen, um sich zur Vorbereitung auf den nächsten Durchgang völlig entspannen zu können.

Ein anderes einfaches Experiment, das sich gut zur objektiven Überprüfung der Wünschelrutenreaktion eignet, ist in Abb. 32 skizziert: Ein Fahrradlämpchen wird mit einigen Drähten mit den Polen einer Batterie verbunden. Die Verbindung zum Minuspol wird je nach Stellung des Schalters S durch Draht B oder Draht A hergestellt. In beiden Fällen brennt das Lämpchen (sofern nicht die Batterie leer ist). Zur ordnungsgemäßen Durchführung des Experiments sollten die beiden Drähte A und B mindestens 1 m lang sein und parallel zueinander im Abstand von mindestens 0,5 m auf dem Tisch liegen. Aufgabe der Versuchsperson ist es nun, mit Hilfe einer Wünschelrute festzustellen, welcher der Drähte A und B stromführend ist. Es ist daher sicherzustellen, dass der Schalter S nicht zu sehen ist. Dieses Experiment sollte mehrmals wiederholt werden (z.B. zehn- oder fünfzehnmal), jedoch muss sich die Versuchsperson dazwischen stets etwas

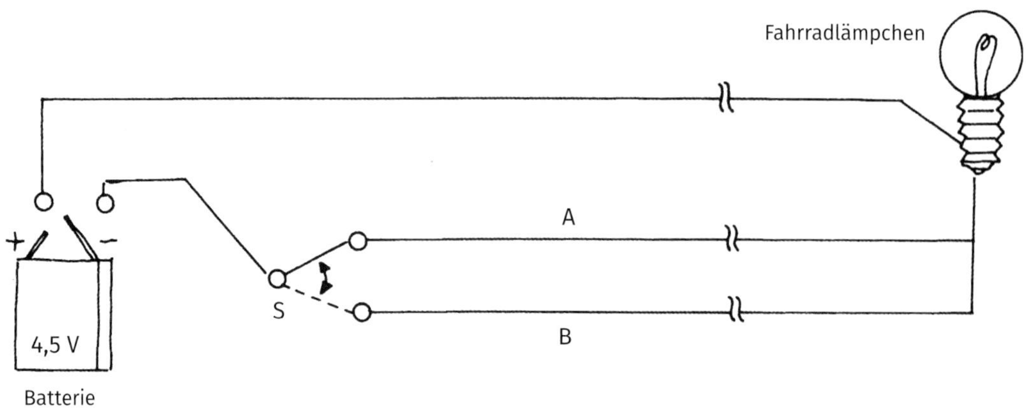

32 Ein einfacher Versuchsaufbau zum Prüfen der Rutenreaktion.

ausruhen können. Wegen des einfachen Versuchsaufbaus kann die Antwort nur richtig oder falsch sein, und nur durch Raten ist bereits ein Ergebnis von 50% richtigen Antworten zu erwarten. Wenn das Endergebnis also nur bei 50 oder 60% liegt, bedeutet dies, dass die Rutenreaktionen unzuverlässig waren. Wenn die Versuchsperson jedoch in 80% oder mehr der Fälle den richtigen Draht angibt, ist dies ein signifikantes Resultat.

Ein anderes einfach durchzuführendes Experiment besteht darin, zu ermitteln, ob Wasser durch eine Leitung fließt oder nicht. Hierfür eignet sich ein langer Gartenschlauch, den man an eine Wasserleitung anschließt. Hierbei ist sicherzustellen, dass das Ende nicht sichtbar ist und die Versuchsperson das ausströmende Wasser nicht hören kann. Die Versuchsperson muss nun mit ihrem Instrument feststellen, ob der Hahn geöffnet ist oder nicht. Wie beim vorigen Experiment ist das Ergebnis signifikant, wenn der Rutengänger in mehr als 80% der Fälle die richtige Antwort gibt.

Alle die oben besprochenen „Feldversuche" geben nur Aufschluss über die Existenz des Rutenphänomens; sie sagen nichts über das Wirkungsprinzip der Wünschelrute selbst aus. Um dies näher untersuchen zu können, ist eine Hypothese notwendig, die experimentell überprüft werden kann. Zwar ist das Phänomen weit von einer endgültigen Klärung entfernt, jedoch gibt es Hinweise, dass die Rutenreaktion indirekt durch einen veränderten Tonus (Muskelspannung) der Hand- und Armmuskeln verursacht wird. Vor einiger Zeit hat diesbezüglich Professor Tromp im Labor wie auch im „Felde" diesen Effekt untersucht. Ein interessanter Teil der Untersuchungen waren die Tests mit künstlich erzeugten Magnetfeldern.

Solche Magnetfelder können einfach hergestellt werden, indem man elektrischen Strom durch eine Leiterschleife schickte. Tromp ließ eine Versuchsperson dann mit der Wünschelrute feststellen, ob ein Magnetfeld vorhanden war (d.h. ob ein Strom floss oder nicht). Versuche mit Wechsel- und Gleichstrom ergaben, dass ein erfahrener Rutengänger in der Tat ein solches künstlich erzeugtes Magnetfeld aufspüren kann; die Wahrnehmungsschwelle lag bei einer Feldstärke von 0,001 Gauß. Weiterhin wurde festgestellt, dass nach dem Einschalten des elektrischen Stroms (und damit dem Aufbau des Magnetfelds) etwa 5 bis 10 Sekunden vergehen, bis die Wünschelrute ausschlägt. Ein wichtiges Ergebnis dieser Laborexperimente und der Feldversuche bestand darin, dass bei den meisten Versuchspersonen der Rutenausschlag kräftiger ist, je mehr die Armmuskeln gespannt sind (größerer Muskeltonus). Die Untersuchungen zeigten auch, dass die Genauigkeit der Anzeige deutlich nachließ, wenn die Versuche öfter als achtmal wiederholt wurden: Diese Erscheinung ist wohl hauptsächlich auf eine Ermüdung der Armmuskeln zurückzuführen. Regelmäßige Ruhepausen sind also äußerst wichtig!

Die Laborversuche von Professor Tromp haben außerdem ergeben, dass die Form der Wünschelrute und das Material, aus der sie hergestellt ist, nur eine unwesentliche Rolle spielen. Es zeigte sich jedoch, dass weniger geübte oder empfindliche Rutengänger mit elektrisch leitenden Instrumenten (den L-förmigen Stäben) bessere Resultate erzielten als mit einer Wünschelrute aus nichtleitendem Material. Untersuchungen über den Einfluss des elektrischen Kontakts zwischen der Versuchsperson und dem Boden, auf dem sie stand, ergaben weiterhin, dass bei den meisten Rutengängern die Signalempfindlichkeit zunahm, je besser die Isolierung gegenüber dem Boden war (Gummisohlen). Außerdem ging die Empfindlichkeit bei sehr nassem oder schneebedecktem Boden stark zurück (das Rutengehen ist also eine echte Schönwetter-Beschäftigung).

Alle diese wissenschaftlichen Erkenntnisse liefern jedoch noch keine schlüssige physikalische Erklärung für das Wünschelrutenphänomen. Zwar scheinen viele Ergebnisse der oben geschilderten Versuche auf eine veränderte Muskelspannung in Armen und Händen hinzuweisen, die die Rutenreaktionen auslösen könnten, jedoch bestehen noch verschiedene Einwände gegen diese Theorie. Außerdem ist die Erfahrung vieler Rutengänger die, dass die Reaktionsbewegung des Instruments eher durch eine äußere Kraft als durch unbewusste Handbewegungen infolge eines veränderten Muskeltonus verursacht wird, insbesondere bei den L-förmigen Metallstäben. Eine nüchterne Analyse der Kräfte, die in einem elektromagnetischen Feld auf einen sich bewegenden Leiter einwirken (Lorentz-Kraft) zeigt jedoch, dass diese zu schwach sind, um die Stäbe drehen zu können. Vielleicht ist die Wirkung einer „unbekannten äußeren Kraft“ in der Tat nur Suggestion, die auf dem Gefühl beruht, der Empfindung, die der Rutengänger erfährt, wenn die Stäbe reagieren. Auf diesem Gebiet herrscht noch große Unsicherheit.

Abschließend können wir sagen, dass noch viele Forschungen notwendig sind, bis das genaue Wirkungsprinzip der Wünschelrute vollständig geklärt ist. Zu beachten ist dabei, wie gesagt, dass solche Untersuchungen möglichst mit Hilfe von oder durch Menschen durchgeführt werden sollten, die selbst umfassende Erfahrungen mit der Wünschelrute haben und daher auch die Beschränkungen des Instruments kennen. Dies ist eine wesentliche Voraussetzung für einen guten Versuchsaufbau, durch den verhindert werden kann, dass Schlussfolgerungen gezogen werden, die vielleicht durchaus „objektiv“, aber vollkommen wertlos und deshalb irreführend sind.

12 Wünschelrute und Archäologie

Ein spezielles Anwendungsgebiet des Rutengehens ist die Archäologie. Insbesondere in Großbritannien haben Rutengänger festgestellt, dass ihre Instrumente in unmittelbarer Nähe prähistorischer Monumente, wie z.B. Grabhügeln und Steinkreisen, eine sehr deutliche Reaktion zeigen. Verschiedene Leute haben sich ernsthaft mit diesem erstaunlichen Phänomen beschäftigt, und es wurden in großem Umfang Felduntersuchungen durchgeführt, die einige interessante Ergebnisse erbrachten. Eine schlüssige Erklärung für diese besondere Rutenreaktion wurde noch nicht gefunden.

Es gibt jedoch nicht nur in Großbritannien, sondern auch in anderen westeuropäischen Ländern Zeugnisse prähistorischer Kulturen, doch wurden diese niemals so systematisch und gründlich mit der Wünschelrute untersucht wie dort. Hier liegt also noch ein weites Anwendungsgebiet vor uns. Bevor wir hierauf jedoch näher eingehen, sollten wir uns zunächst damit befassen, was die britischen Rutengänger auf diesem Gebiet geleistet haben.

Wie wohl bekannt ist, gibt es auf den Britischen Inseln und in Irland eine große Zahl prähistorischer Monumente unterschiedlicher Art: Neben Grabhügeln (Tumuli) und Ackerkomplexen („Celtic fields“) finden wir auch eine Vielzahl von Steinkreisen, Steinreihen und Menhiren. Diese Steine bzw. Steinkonstruktionen werden unter dem Sammelbegriff „Megalithische Bauwerke“ (mega = groß, lithos = Stein) zusammengefasst; entsprechend bezeichnet man den Zeitraum, in dem sie entstanden sind, auch als „Megalithikum“. Vereinfacht ausgedrückt ist ein Steinkreis, eine Sammlung aufrecht stehender Steine, die im Kreis angeordnet sind. Die Länge dieser Steine schwankt von wenigen Dezimetern (oder weniger, wenn der Stein abgebrochen ist) bis zu einigen Metern. Auch der Durchmesser der Steinkreise kann erheblich schwanken (einige Meter bis 350 Meter).

Der größte bekannte Steinkreis befindet sich in dem Ort Avebury im englischen Wiltshire; der Kreis umfasste ursprünglich über 100 Steine und ist so groß, dass er auch einen Teil des Dorfs einschließt. Der berühmteste Steinkreis ist aber wohl Stonehenge, das im Süden von Avebury liegt. Dieses prähistorische Monument lockt jedes Jahr große Scharen von Touristen aus allen Teilen der Welt an. Das Besondere an Stonehenge ist die spezielle Konstruktion waagerecht liegender Steine, die auf senkrechten Steinsäulen ruhen. Alle Steine wurden von Steinmetzen mit großer Präzision bearbeitet und passen daher genau in- und aufeinander. Darüber hinaus sind es vor allem die gewaltigen Abmessungen der Steine (einige von ihnen wiegen mehrere Tonnen), die den Besucher so außerordentlich beeindrucken. Unter den Hunderten von Steinkreisen, die es in Irland und Großbritannien gibt, nimmt Stonehenge insofern eine Sonderstellung ein, als nur hier waagerechte Decksteine zu finden sind. In den meisten Fällen sind die Steinkreise viel weniger spektakulär und bestehen aus einer Reihe kleiner, unbearbeiteter Steine, die lediglich wegen ihrer länglichen Form ausgewählt wurden.

Was den meisten Steinkreisen gemeinsam ist, ist ihre schöne Lage, wobei der Besucher praktisch in alle Richtungen freie Aussicht hat. Unter anderem auch deshalb, weil ihr Zweck und ihre Funktion nicht bekannt sind (wiewohl es viele Hypothesen hierzu gibt), haftet den Steinkreisen sämtlich etwas Geheimnisvolles an: Die aneinandergereihten Steine, die schon seit Jahrtausenden Regen und Wind trotzen, umgibt eine geheimnisvolle Aura, und sie scheinen ihr Geheimnis stumm zu hüten. Sie sind die stillen Zeugen einer uralten Kultur, die uns leider keinerlei schriftliche Zeugnisse über die (rituelle) Funktion der Steinkreise hinterlassen hat. So ist es nicht verwunderlich, dass viele Steinkreise im Laufe der Jahrhunderte Gegenstand vieler Sagen und Überlieferungen wurden und dadurch auch ihre häufig typischen Namen bekamen. Ein hübsches Beispiel hierfür findet man in Cornwall mit dem Steinkreis „The Merry Maidens“ und den in der Nähe stehenden Menhiren „The Pipers“: Es wird berichtet, dass die siebzehn im Kreis tanzenden Mädchen samt den Musikanten, die sie begleiteten, versteinert wurden, weil sie gegen das Gebot der Sonntagsruhe verstoßen hatten.

Das Mysteriöse, das faszinierend Unergründliche ihrer Funktion hat die Menschen immer wieder beschäftigt, und eine Vielzahl von Archäologen (aber auch Wissenschaftler anderer Disziplinen) haben umfassende Forschungen angestellt, um dieses Rätsel zu lösen. Pionierarbeit auf diesem Gebiet leistete der verstorbene Professor Alexander Thom, der an der Universität Oxford Geodäsie lehrte. Seit den 20er Jahren wandte Professor Thom, später unterstützt von seinem Sohn und seinem Enkel, einen Großteil seiner Freizeit dafür auf, die britischen Steinkreise zu vermessen und zu kartographieren. Die Thoms kamen bei der statistischen Auswertung ihrer Ergebnisse zu der Schlussfolgerung, dass die Erbauer der Steinkreise über eine eigene Längeneinheit verfügten, das sogenannte megalithische Yard, das etwa 83 cm entspricht, und das sie beim Bau ihrer Steinkonstruktionen zugrunde legten. Außerdem zeigte sich, dass die Bezeichnung „Steinkreis“ nicht ganz genau und besser durch „Steinrunde“ zu ersetzen ist, da die Monumente in manchen Fällen zwar wirklich fast perfekt kreisförmig sind, vielfach aber eine deutlich davon abweichende Gestalt aufweisen. In seinem Buch „Megalithic Sites in Britain“ (1967) hat Professor Thom auf der Grundlage des megalithischen Yards eine Reihe von Hypothesen für die Konstruktion der Runden aufgestellt und kam dabei zu einer Einteilung in vier verschiedene Klassen.

Ein anderer wichtiger Aspekt, der durch Thoms Analyse, aber auch durch die Arbeiten des Astronomen G. S. Hawkins aufgezeigt wurde, war die astronomische Bedeutung, die viele Steinkreise (insbesondere natürlich Stonehenge) erkennen ließen. Durch statistische Analysen ergaben sich nämlich Hinweise darauf, dass diese megalithischen Bauwerke so angelegt sind, dass durch ihre Konstruktion und/oder Lage bestimmte Richtungen zum Horizont definiert werden, die z.B. den Sonnenauf- oder Untergang zu bestimmten charakteristischen Zeitpunkten des Jahres bezeichnen. Mit einer solchen Technik ist es möglich, den längsten und den kürzesten Tag des Jahres zu bestimmen, aber auch die Tage, die genau dazwischen liegen. Es gibt Hinweise, dass sogar versucht wurde, Richtungen festzulegen, mit deren Hilfe man das Jahr in acht gleiche Teile teilen konnte. Außer der Sonnenbewegung haben die megalithischen Baumeister offenbar auch versucht, die sehr komplizierte Bewegung des Mondes bezüglich des Horizonts durch Steinsetzungen zu fixieren; es würde uns jedoch zu weit führen, hierauf näher einzugehen. Der interessierte Leser sei deshalb auf das bereits erwähnte Buch von A. Thom und auf das gut lesbare Buch von J.E. Wood verwiesen. Außer diesen Steinkreisen haben offenbar auch die Menhire (einzeln stehende Steine) und die zahllosen Steinreihen, die sich auf den britischen Inseln befinden, eine ähnliche astronomische Funktion besessen.

Auch unter einem ganz anderen Aspekt wurde die Lage und Orientierung dieser prähistorischen Monumente untersucht, nämlich durch Betrachtung ihrer Lage zueinander. Dabei entdeckte man, dass sich kilometerlange „leylines" durch die englische Landschaft hinziehen, Linien, die genau über eine große Zahl von Steinkreisen, Menhiren und Tumuli verlaufen. Pionierarbeit auf diesem Gebiet leistete Alfred Watkins, und er hat seine Arbeiten ausführlich in seinem Buch „The Old Straight Track" beschrieben (dieses Buch erschien erstmals 1925 und wurde inzwischen mehrmals neu aufgelegt). Watkins sprach die Vermutung aus, dass diese leylines im Grunde sehr alte Wege sind, die mit Hilfe aufrechter Steine und ähnlichem markiert wurden. Außer den genannten Monumenten aus der Steinzeit befinden sich auch Hügelfestungen aus der Eisenzeit und viele Kirchtürme auf den leylines; letzteres erklärt sich dadurch, dass die ersten Christen ihre Kirchen häufig genau an den Stellen errichteten, an denen sich ein Steinkreis befand, um dadurch das heidnische Monument zu entheiligen oder, je nach Anschauung, zu heiligen. Es gibt sogar noch einige Kirchen, die im Mittelpunkt eines Steinkreises stehen, dessen Steine noch völlig unversehrt sind.

Neben Watkins gibt es noch mehrere Forscher, die sich weiter in die ley-Theorie vertieft haben, und durch kartographische Arbeiten wie auch Feldstudien fand man heraus, dass einige leylines eine ähnliche astronomische Bedeutung haben wie die Steinmonumente. Dies alles ist sehr rätselhaft, und eine endgültige wissenschaftliche Erklärung gibt es natürlich nicht. Der Leser wird nicht erstaunt sein, dass geheimnisvolle Dinge dieser Art recht viele Menschen veranlasst haben, die bizarrsten Spekulationen zu äußern. Es würde jedoch den Rahmen dieses Buches sprengen, hierauf näher einzugehen.

Bei der Erörterung der rätselhaften und unerklärlichen Erscheinungen in der unmittelbaren Nähe der Steinkreise sollte vielleicht auch ein Artikel nicht unerwähnt bleiben, der vor einigen Jahren in der naturwissenschaftlichen Zeitschrift *New Scientist* unter dem Titel „The Dragon Project and the Talking Stones" erschien. Der Autor, Don Robins, beschreibt darin, wie er zusammen mit einigen Wissenschaftlern aus anderen Fachgebieten mit Hilfe spezieller Schallmessgeräte feststellte, dass der Schallpegel im Ultraschallbereich in der Nähe der meisten Steinkreise beträchtlich höher liegt als in einem gewissen Abstand davon. Dieser Effekt war nach ihren Messungen um die Zeit des Sonnenaufgangs am stärksten und hatte dabei einen pulsierenden Verlauf. Die Forscher konnten zwar keine Erklärung für diese Erscheinung geben, jedoch zeigen ihre Messungen wieder einmal, wie geheimnisvoll die Steinkreise eigentlich sind. Wer mehr hierüber wissen will, dem sei die Lektüre von Robins Original-Artikel empfohlen (*New Scientist*, 21. Oktober 1982, S. 166-170).

Auch die Rutengänger standen nicht zurück und haben mit ihren Instrumenten die megalithischen Steinkonstruktionen, aber auch die leylines untersucht. Hier darf sicher der Name von Guy Underwood nicht unerwähnt bleiben, der in seinem Buch „The Pattern of the Past" (1969) seine Wünschelrutenbefunde ausführlich dargelegt, und zwar unter besonderer Berücksichtigung der Archäologie. Underwood beschreibt, dass viele Menhire auf „Knotenpunkten" von Signalbahnen stehen, und dass vor allem in Steinkreisen die Konzentration von Signalbahnen (bei denen er mehrere Typen unterscheidet) generell sehr hoch ist. Viele dieser Bahnen schienen außerdem genau dort in Form von Spiralen zu beginnen oder zu enden. Es würde zu weit führen, hier auf die Einzelheiten dieser Erscheinung einzugehen (siehe hierzu die Bücher von Tom Graves und Guy Underwood); wichtig ist für uns jedenfalls die Erfahrung der britischen Rutengänger, dass in der unmittelbaren Nähe praktisch aller prähistorischen Monumente, von den Menhiren bis zu den Grabhügeln, die Wünschelrute einen auffallend starken Ausschlag zeigt.

In einigen Fällen – und das haben die Autoren dieses Buches mit eigenen Händen wahrgenommen – spürt der Rutengänger, der mit den L-förmigen Metallstäben (die ja elektrisch leitend sind) arbeitet, sogar ein deutliches Kribbeln in beiden Händen. Diese Empfindung wird noch verstärkt, wenn man nur mit einem Stab arbeitet und mit der freien Hand den jeweiligen Stein berührt: Es ist dann, als ob der ganze Körper von einem pulsierenden elektrischen Strom durchflossen würde. Ein sehr geheimnisvolles Erlebnis!

Durch das oben Gesagte könnte fälschlicherweise der Eindruck entstanden sein, dass die Wünschelrute nur zur Untersuchung von bereits bekannten prähistorischen Orten geeignet sei. Dies ist jedoch nur ein Aspekt der Rutenarbeit bezüglich der Archäologie. Ein anderer Aspekt ist das Aufspüren mit der Wünschelrute: Neben den bekannteren Erkundungstechniken wie Luftphotographie und Funkvermessung ist auch das Rutengehen ein akzeptiertes Verfahren zum Lokalisieren prähistorischer (und jüngerer) Überreste. Eine gute Übersicht über die gängigen Erkundungstechniken gibt der Archäologe John Coles in seinem Buch „Field Archaeology in Britain" (1972 erstmals erschienen und später mehrfach neu aufgelegt); hierin beschreibt Coles u. a. einige Fälle, in denen von Rutengängern angegebene zugeschüttete Gräben oder ähnliches bei archäologischen Grabungen tatsächlich gefunden wurden. Auch beim Aufspüren alter Fundamente zerstörter Gebäude kann die Wünschelrute ein sehr wichtiges Hilfsmittel sein.

Bisher haben wir nur über die britischen prähistorischen Baudenkmäler gesprochen, jedoch gibt es natürlich auch in den anderen westeuropäischen Ländern sehr viele solcher Überreste. Hierbei denken wir z.B. an die vielen Steinrunden, Menhire und Steinreihen in der Bretagne, von denen natürlich die kilometerlangen Alignements von Carnac die bekanntesten sind. Die steinzeitlichen Baumeister haben uns jedoch noch etwas anderes hinterlassen, nämlich die Grabmonumente. Einer der bekanntesten Typen ist das sogenannte Hünenbett. Dabei handelt es sich um eine Grabstätte aus großen Findlingen, die ursprünglich mit dem skandinavischen Landeis hierher gelangten. Die Hünenbetten waren Sammelgräber, in denen die sterblichen Überreste der Toten (gelegentlich auch ihre Asche) beigesetzt wurden. Die Erbauer dieser Grabmonumente gehören der sogenannten Trichterbecherkultur an, von Archäologen so genannt wegen der typischen Form der von ihnen hergestellten Tonwaren. Die Überreste dieser Kultur finden wir in einem ausgedehnten Gebiet, das sich von den südlichen Gebieten Schwedens und Norwegens über Dänemark, den Nordosten und Nordwesten Deutschlands nach Polen und in den nördlichen Teil der Niederlande erstreckt. Die meisten Hünengräber stammen aus der Zeit um 2600 - 2100 v. Chr. Ähnliche megalithische Grabbauten finden wir auch in anderen Teilen Westeuropas (auf den Britischen Inseln, in Belgien, Frankreich, Spanien und Teilen Italiens), jedoch gehen diese Monumente und Überreste nicht auf die Trichterbecherkultur zurück. In der Bretagne und einigen Teilen Belgiens werden die steinernen Grabmonumente Dolmen oder *allées couvertes* genannt.

Wenn Sie vielleicht vorhaben, solche Grabmonumente zu besuchen, sollten Sie nicht vergessen, einige Ihrer Ruteninstrumente mitzunehmen, vorzugsweise die Metallstäbe und die V-Rute. Probieren Sie dann ruhig einmal aus, ob Sie in der direkten Umgebung der Grabhügel mit Ihren Instrumenten auffallende Reaktionen bekommen. Die Autoren selbst haben in der Nähe prähistorischer Grabhügel positive Resultate erzielt und ganz ähnliche Erfahrungen wie die britischen archäologischen Rutengänger gemacht. Allerdings wurden bei uns auf diesem Gebiet noch keine systematischen Forschungen angestellt. Wir haben hier also gute Gelegenheit, selbst als Forscher tätig zu werden. Dabei bedarf es eigentlich keiner Erwähnung, dass es strengstens verboten ist, in einem Grabhügel oder der unmittelbaren Umgebung davon zu graben, da diese Monumente unter Denkmalschutz stehen. Leider gibt es diese Vorschrift erst seit relativ kurzer Zeit, und im vorigen Jahrhundert haben zahllose „Schatzsucher" hier große Schäden angerichtet. Unterlassen Sie es also unbedingt, Grabungen anzustellen, auch wenn die Versuchung natürlich groß ist, wenn Sie an einem solchen Hügel eine ungewöhnlich starke Reaktion bekommen.

13 Die Geschichte der Wünschelrute

Es wurde in diesem Buch schon mehrfach erwähnt, dass die Wünschelrute ein sehr altes Instrument ist, dessen Wirkung schon Jahrhunderte vor Beginn unserer Zeitrechnung bekannt war. Schriftliche Zeugnisse über die Wünschelrute gibt es jedoch erst seit relativ kurzer Zeit. Die ersten Hinweise auf dieses Instrument als Hilfsmittel beim Aufspüren von Erzadern finden wir in der kurzen Abhandlung „Bermannus" (1530) von Georgius Agricola und eine etwas ausführlichere Behandlung in seinem klassischen Werk „De Re Metallica" (1555). Diesem Buch ist der Holzschnitt entnommen, der in Abb. 1 (S. 4) wiedergegeben ist.

Die Archäologie hat jedoch gezeigt, dass die Wünschelrute schon lange vor dieser Zeit gebraucht wurde. So ist z.B. auf dem Sockel einer Statue des chinesischen Kaisers Kwang Su, der um 2200 v. Chr. lebte, eine Person abgebildet, die ein rutenähnliches Instrument festhält. Auch heute noch spielt die Wünschelrute auf dem chinesischen Land eine große Rolle: Bevor ein Haus gebaut wird, bestimmt erst der Rutengänger den geeigneten Ort.

Im Jahre 1911 führte von Oppenheim in Tell Halaf (im früheren Mesopotamien) archäologische Grabungen durch, wobei ein in Fels eingehauenes Relief eines Priesters freigelegt wurde, der in seinen Händen einen gegabelten Gegenstand hält, der unverkennbar einer Wünschelrute ähnelt. Außer dieser aus dem 13. Jh. v. Chr. stammenden Plastik gibt es noch viele weitere Hinweise, dass die Wünschelrute im alten Ägypten ein vielbenutztes Instrument war. Viele meinen auch, dass schon Moses eine Wünschelrute benutzte, um seinem dürstenden Volk Israel Wasser zu geben (siehe Exodus 17, Vers 6 und Numeri 20, Vers 10-11), jedoch ist es vielleicht etwas weit hergeholt. Wenn es auch keine schriftlichen Zeugnisse hierzu gibt, so scheinen doch auch die Römer das Rutenphänomen gekannt und zum Aufspüren von Wasser angewandt zu haben. Genauere Beschreibungen oder Abbildungen des benutzten Instruments sind jedoch in keiner römischen Quelle zu finden. Im 11. Jh. taucht in einer kurzen Abhandlung des Mönchs Notker III. Labeo, genannt Teutonicus, erstmals die Bezeichnung „Wünschelrute" auf. Notker meint hiermit allerdings eine „Wünsch-Rute", wie sie auch im klassischen Nibelungenlied (etwa 1170) vorkommt, d.h. also eine Art Zauberstab. Auch in der übrigen deutschen Literatur der darauffolgenden Jahrhunderte hat das Wort „Wünschelrute" stets diese ursprüngliche Bedeutung. Wie bereits erwähnt, gibt dann erst 1530 (1556) Agricola als Erster eine Beschreibung samt Abbildung der Wünschelrute, wie wir sie heute kennen. Diese Abhandlungen sind in lateinischer Sprache geschrieben, und Agricola benutzt hierin den Ausdruck „virgula divina", womit er die Wünschelrute aus Holz meint. Diese Bezeichnung geht auf die Römer zurück und war jahrhundertelang eine gängige Benennung. Auch die englische Bezeichnung „divining rod" ist hiervon abgeleitet (wobei jedoch zu sagen ist, dass seit Beginn des 20. Jh. der Ausdruck „dowsing rod" üblicher ist).

Einige Zeit nach Agricolas erster Veröffentlichung (1530), in der die Wünschelrute mehrmals als Hilfsmittel zum Aufspüren von Erzen und Mineralen beschrieben wird, erscheint ein Buch mit dem Titel „Cosmographia Universalis" (1550), verfasst von dem Geographen und Mathematiker Sebastian Münster. Abb. 21 ist eine Illustration aus diesem Buch. Der Holzschnitt zeigt verschiedene Aspekte des Bergbauwesens. So sehen wir auf der Abbildung u.a. einen Rutengänger, dessen Instrument als „virgula divina" und „Glück rüt" bezeichnet ist. Leider findet sich im Text weder ein Hinweis auf die Aufgabe des Rutengängers in diesem Zusammenhang noch auf die Technik, die er anwendet. Dennoch können wir diesem Holzschnitt sowie auch der Veröffentlichung von Agricola entnehmen, dass die Wünschelrute beim Schürfen von wesentlicher Bedeutung war. Auch in den zahllosen bergbaukundlichen Abhandlungen, die im 17. und 18. Jh. erscheinen, finden sich verschiedentlich Abbildungen, in denen Rutengänger auf der Suche nach unterirdischen Erzlagern sind. So sehen wir auf Abb. 33, einer Illustration aus dem Buch „Bericht vom Bergwerk" von G. E. von Löhneyss, das 1617 erschien, zwei Männer mit einer Wünschelrute gehen (jeweils

33
Illustration aus dem „Bericht vom Bergwerk" (1617) von G. E. von Löhneyss.

34
Illustration aus „Magia Universalis" (1657) von G. Shott.

mit dem Buchstaben A bezeichnet). Rechts oberhalb der Mitte sehen wir auch einen Mann (ebenfalls mit A bezeichnet) bei einem Baum, der offenbar damit beschäftigt ist, einen geeigneten Zweig zu schneiden. Wenn man die beiden Rutengänger näher betrachtet, fällt auf, dass sie ihr Instrument in unterschiedlicher Weise handhaben: Bei dem einen zeigt das Instrument nach vorne, beim anderen nach oben. Der Illustrator wollte hiermit offenbar den Unterschied zwischen der „neutralen Stellung" (nach vorne) und der „Reaktion" (Nach-oben-Springen) der Wünschelrute darstellen.

Eine ähnliche Szene sieht man auf Abb. 34, wo ebenfalls zwei Rutengänger tätig sind. Diese Abbildung befindet sich in dem Buch „Magia Universalis" (1657) von G. Schott, in dem unter anderem das Muten von Metallerzen behandelt wird. Bei dieser Darstellung fällt auf, wie unterschiedlich die beiden Männer ihre Wünschelrute halten: Der eine von unten, der andere von oben. Vermutlich hängt dieser Unterschied mit einer persönlichen Vorliebe des betreffenden Rutengängers zusammen; bei der Besprechung der V-Rute (Kapitel 2) haben wir hierauf bereits hingewiesen. Hinzu kommt noch, dass sich der Griff im Laufe der Jahrhunderte änderte und zudem von Land zu Land unterschiedlich war. Hierauf kommen wir später in diesem Kapitel noch zurück. Abb. 35 zeigt einen interessanten Stich von Balthasar Rössler (1700), der die Arbeitsweise bei der Ermittlung des Verlaufs unterirdischer Erzadern illustriert. Die Rutengänger haben (vermutlich durch systematisches Abgehen) die Lage einer solchen Ader ermittelt, und die Reaktionspunkte werden von anderen mit Pfählen markiert. Aus verschiedenen bergbaukundlichen Schriften aus dem 17. und 18. Jh. geht hervor, dass praktisch jeder Bergbaubetrieb einige Rutengänger beschäftigte. Dies erkennt man auch an ihrer Kleidung, da sie sich in den Illustrationen nur wenig oder gar nicht von derjeniger der anderen Bergleute unterscheidet.

Etwa seit dem Erscheinen von Agricolas Werk haben sich Menschen der unterschiedlichsten Stände und Berufe mehr oder weniger ernsthaft mit dem Studium des Wünschelrutenphänomens im allgemeineren Sinn (d.h. nicht nur auf den Bergbau beschränkt) beschäftigt. Auffällig ist vor allem, dass sich eine relativ große Zahl

35
Illustration aus einem Buch von Balthasar Rössler (1700).

von Mönchen und Angehörigen anderer geistlicher Berufe in die Materie vertieft haben und zu interessanten Ergebnissen gekommen sind (man denke etwa an die Bischofsregel für die Tiefenbestimmung, siehe Kapitel 8). Eine interessante Beschreibung des Auffindens eines vergrabenen Schatzes gibt der Geistliche P. Bernhardus in seiner Schrift „Vera atque brevis descriptio Virgulae Mercurialis", die 1532 gedruckt wurde. Bernhardus, selbst ein erfahrener und kundiger Rutengänger, beschreibt einige extreme Proben der Aufspürkunst.

Die ersten systematischen Experimente bezüglich des Wünschelrutenphänomens führte eine Französin durch, Baronesse de Beau-Soleil. In mehreren Briefen an Richelieu wies sie darauf hin, dass die französische Nation ihre führende Position in dieser Zeit ausbauen könne und müsse, indem sie ihren natürlichen Reichtum an Bodenschätzen besser ausnützte. Sie begann mit der Durchführung einer sehr ernsthaften Studie des Wünschelrutenphänomens und seiner Anwendungen und legte nach jahrelangen Versuchen ihre Befunde in zwei Schriften vor, die 1632 bzw. 1640 erschienen. U.a. ist hierin eine Liste der Minen enthalten, die durch ihre erfolgreiche Rutentechnik angelegt werden konnten; in dieser umfassenden Liste sind Silber-, Kupfer-, Blei-, Eisen- und andere Erzminen genannt.

Im Jahre 1638 erscheint auch eine Abhandlung über die Wünschelrute aus der Hand des Engländers Robert Fludd. Man kann es jedoch eigentlich kein englisches Buch nennen, da es in lateinischer Sprache abgefasst ist (der Titel lautet „Philosophia Moysaica") und in den Niederlanden gedruckt und herausgegeben wurde. Das Buch enthält keine neuen Erkenntnisse, sondern mehr eine Übersicht über das, was andere bereits über dieses Thema geschrieben hatten. Insgesamt scheint etwa ein Jahrhundert nach dem Erscheinen von Agricolas Werken in verschiedenen Ländern Europas großes Interesse an der Wünschelrute zu bestehen, wie die große Zahl von Büchern zeigt, die zu diesem Thema herauskommen. Damit ist jedoch nicht gesagt, dass man allgemein von der Wirksamkeit der Wünschelrute überzeugt gewesen wäre: Das Gegenteil trifft eher zu. Es gibt zwar eine große Zahl von Menschen, die ganz an die Wünschelrute glauben und von ihrer Wirkung vollständig überzeugt sind, jedoch entsteht im 17. Jh. auch ein Lager fanatischer Gegner, die keine Gelegenheit ungenutzt lassen, um sich in Wort und Schrift über das Rutenphänomen lustig zu machen und die Rutengänger sogar des Betrugs zu bezichtigen.

Auch die wissenschaftliche Welt beginnt sich für die Erscheinung zu interessieren, und bald bilden sich auch hier zwei Lager: Auf der einen Seite die Gegner, auf der anderen eine Gruppe von Menschen, die vielleicht von der Wirkung der Wünschelrute nicht völlig überzeugt sind, aber doch Anlass genug sehen, das Phänomen nicht sofort als Unsinn oder Gauklerei abzutun und dafür offen bleiben wollen. Für eine wissenschaftliche Untersuchung des Phänomens – und dies gilt auch für jedes andere zu untersuchende Phänomen – ist diese letztere Haltung die Grundvoraussetzung: Nur durch eine offene, vorurteilsfreie Haltung kann ein Wissenschaftler durch systematische Experimente das Phänomen untersuchen und beurteilen, ob es echt ist oder nicht.

Einer der ersten Wissenschaftler, die die Wünschelrute systematischen Untersuchungen unterzogen haben, ist der gelehrte Jesuit Athanasius Kircher. In einer Abhandlung aus dem Jahre 1641 beschreibt er zahllose Experimente, die seiner Meinung nach darauf hinweisen, dass die Bewegungen der Wünschelrute (in diesem Fall des Gabelzweigs) durch die Hände des Rutengängers verursacht werden – auch wenn letzterer sich dessen nicht bewusst ist. Kircher experimentierte mit einer Rute, die durch eine raffiniert konstruierte senkrechte Stütze waagerecht im Gleichgewicht gehalten wurde, und entdeckte, dass die Wünschelrute dann nicht reagierte.

Kircher hat auch als erster Untersuchungen mit dem Pendel angestellt und kam dabei zur gleichen wichtigen Schlussfolgerung: Die unbewussten Muskelkontraktionen des Rutengängers bzw. Pendlers sind der Mechanismus, der die Reaktionsbewegung des Instruments auslöst.

Auch Robert Boyle (1626 - 1691), der berühmte englische Physiker und Gründer der Royal Society, hat sich aktiv mit dem Wünschelrutenphänomen beschäftigt, wie einige Artikel in den Philosophical Transactions der Royal Society zeigen. Mit einigen Vorbehalten war er von der Echtheit der Erscheinung überzeugt. Als Reaktion auf Boyles Artikel entzündete sich in den Transactions eine lebhafte Diskussion zwischen Befürwortern und Gegnern, wobei zahllose Beispiele und Gegenbeispiele angeführt wurden. Leider war es eine Diskussion ohne Ende, und eine befriedigende Schlussfolgerung kam nicht zustande.

36
Eine Darstellung des berühmten Rutengängers Jacques Aymar aus „La physique occulte" (1693) von P. de Le Lorrain de Vallemont.

Wie oben erwähnt, war es die Baronesse de Beau-Soleil, die als erste das Aufspüren von Wasser als Anwendungsmöglichkeit der Wünschelrute beschrieb. Wenig später (1655-1665) erschienen zwei Bücher ihres Landsmanns Jean François, in denen dieser die Techniken des Wasser-Rutengehens näher beschreibt. Ein sehr interessantes Ereignis ist 1658 zu verzeichnen: In diesem Jahr wird an der Universität von Wittemberg eine Dissertation verteidigt, die sich ausschließlich mit dem Rutengehen befasst. Im Mittelpunkt steht dabei die Frage, ob die Rutenreaktion durch okkulte Kräfte (!) hervorgerufen wird. Die Ergebnisse der verschiedenen Experimente weisen darauf hin, dass von okkulten Kräften keine Rede sein kann, sondern dass in den meisten Fällen „Lug und Betrug" die Ursache sind, während in den übrigen Fällen schlicht ein „Pakt mit dem Teufel" zur Erklärung herhalten muss. In dieser Arbeit – sowie in allen weiteren Dissertationen, die wenig später in Wittemberg erscheinen – wird das Wünschelrutenphänomen also in eine Reihe mit Hexerei gestellt. Eine solche Auffassung kann man allerdings kaum mehr als wissenschaftlich bezeichnen!

Bisher wurden vor allem deutsche, französische und britische Studien und Abhandlungen über das Rutengehen erwähnt. Veröffentlichungen über diesen Gegenstand erschienen jedoch auch in anderen europäischen Ländern. Der erste niederländische Hinweis auf die Wünschelrute findet sich in den „Collectanea medico-physica" (1680-1683, Band IV und V), die trotz des lateinischen Titels in niederländischer Sprache geschrieben sind. Auch in Dänemark (1729), Italien (1678) und Schweden (1751, Autor ist der berühmte Linné) erscheinen Schriften, in denen vom Rutenphänomen die Rede ist. Einen wichtigen Impuls erhält die Diskussion um die Wünschelrute durch das Auftreten von Jacques Aymar. Dieser französische Rutengänger war außerordentlich begabt, und seine beachtlichen Leistungen haben in dieser Zeit (ab 1689) eine Vielzahl von Veröffentlichungen hervorgerufen. Aymar beschränkte sich zunächst auf das „normale" Rutengehen – das Aufspüren von Wasser usw. – bis sich zeigte, dass er über besondere Begabungen verfügte. So wird berichtet, dass er im Jahre 1689 mit seiner Wünschelrute auf der Suche nach unterirdischen Wasserläufen war, als sein Instrument plötzlich eine sehr starke Reaktion zeigte. Als er an dieser Stelle grub, fand er statt des erwarteten Wasserstroms das Haupt einer ermordeten Frau. Jacques Aymar begab sich daraufhin zu dem Haus, in dem die Frau gewohnt hatte, und prüfte mit seiner Wünschelrute nacheinander alle dort anwesenden Personen. Nur bei einer von ihnen schlug die Wünschelrute aus, und zwar bei dem Witwer. Diesem war offenbar nicht ganz wohl in seiner Haut, denn er versuchte zu fliehen; er wurde jedoch ergriffen und später tatsächlich des Mordes an seiner Frau überführt. Durch dieses Ereignis war Aymars Name bald in aller Munde, und er wurde von da an immer wieder hinzugezogen, wenn es galt, Mörder und andere Verbrecher aufzuspüren.

Es ist nicht erstaunlich, dass die besonderen Leistungen dieses Rutengängers seinerzeit eine Flut von Schriften und Artikeln zur Folge hatten. Sein Auftreten war auch unmittelbarer Anlass für die Entstehung des ersten größeren Buches über das Rutengehen, nämlich des berühmten Werks „La physique occulte“ (1693) von P. de Le Lorrain de Vallemont. In diesem Buch findet sich auch ein Holzschnitt von Jacques Aymar, der hier in Abb. 36 wiedergegeben ist. Das Phänomen Aymar führte auch zu einem sehr beachtlichen Briefwechsel zwischen dem gelehrten Priester Pierre Lebrun und Malebranche, der u.a. in einem weiteren Buch Vallemonts seinen Niederschlag fand.

Auch außerhalb Frankreichs erscheinen nun in rascher Folge immer neue Bücher über die Wünschelrutenproblematik. Hiervon dürfen nicht unerwähnt bleiben „Pantomysterium“ (1700) und „Unterricht vom rechten Gebrauch der Wünschelrute“ (1705), beide aus der Hand von J. G. Zeidler. In diesen Büchern finden wir eine lange Liste von Wünschelruteninstrumenten: Neben dem bekannten Gabelzweig werden hier (erstmals?) die L-förmigen Metallstäbe beschrieben. Dies ist jedoch nicht alles; die Liste enthält weiterhin: eine Schere, zwei Dochtscheren, ein Besteck, ein aufgeschlagenes Buch, den Griff eines Eimers, zwei Tabakspfeifen, die bloßen Hände und schließlich sogar zwei Knackwürste!

Obwohl sich zunächst gerade Geistliche aktiv mit der Wünschelrute beschäftigten, nahmen die Kirchen und ihre Repräsentanten seit Beginn des 17. Jh. – nur durch Aymars Auftreten unterbrochen – eine stets feindseligere Haltung gegenüber dem Rutengehen ein. Die Theologen stellten es Zauberei, Hexerei und anderen okkulten Tätigkeiten gleich, und die Rutengänger sollten mit dem Teufel im Bunde stehen. In der zweiten Hälfte des 18. Jh. vollzieht sich hier jedoch wiederum ein Wandel, und die Geistlichkeit zeigt

37

Eine Darstellung von Charles Adams aus „A Narrative of Practical Experiments“ (1853) von F. Phippen.

sich wieder zunehmend interessiert. Vor allem in Großbritannien sind es – sogar in erster Linie – Geistliche, die sich aktiv mit der Rutengängerei auseinandersetzen, und es erscheinen zahlreiche Bücher über dieses Thema. Aber nicht nur in Büchern, sondern auch in kürzeren und längeren Zeitungsartikeln wird regelmäßig über die Wünschelrute berichtet. Der englische Journalist Francis Phippen hat im vorigen Jahrhundert in mehreren Artikeln und Abhandlungen besonders begabte Rutengänger beschrieben, und in einer seiner Schriften (1853) befasst er sich z.B. mit Charles Adams, der offenbar über besondere Fähigkeiten verfügte. Abb. 37 zeigt diesen britischen Rutengänger in Aktion.

a

b

38

Zwei verschiedene Wünschelrutengriffe: (a) nach P. Lebrun (um 1700), und (b) nach P. Garnier (1692).

Im viktorianischen England, genauer gesagt von etwa 1840 bis zum Ersten Weltkrieg, herrscht lebhaftes Interesse an paranormalen Erscheinungen. Auch viele hervorragende Naturwissenschaftler befassen sich mit dieser Materie und führen verschiedene wissenschaftliche Experimente durch, um zu einem besseren Verständnis dieser Phänomene zu gelangen. Im Jahre 1882 wird sogar eine spezielle „Society for Psychical Research" gegründet, die auch heute noch sehr aktiv ist. Die Forscher, die dieser Gesellschaft angehörten und angehören, beschäftigen sich mit „nicht-physikalischen" Phänomenen im allgemeinen Sinne des Wortes, u.a. mit dem Rutengehen. Grundsatz der Society war es stets, sich keine Scheuklappen anlegen zu lassen und die verschiedenen Phänomene vorurteilsfrei und objektiv mit Hilfe systematischer Experimente zu untersuchen. Selbst so berühmte Physiker und Nobelpreisträger wie Lord Rayleigh und J. J. Thomson waren Mitglied der Gesellschaft – ersterer sogar einige Zeit ihr Präsident. Vor allem Thomson, der 1906 den Nobelpreis für die Entdeckung des Elektrons erhielt, beschäftigte sich aktiv mit den Wünschelrutenphänomenen; zwar konnte auch er keine Erklärung finden (dies wäre sicher einen Nobelpreis wert!), jedoch kam er in seinen Untersuchungen zum Ergebnis, dass die Wünschelrute – jedenfalls in geübten Händen – ein zuverlässiges Instrument ist.

Ein interessanter Aspekt bei der Betrachtung der Geschichte der Wünschelrute ist die Handhabung dieses Instruments im Laufe der Jahrhunderte. Die bereits erwähnten Abbildungen in diesem Kapitel (Abb. 33 - 37) sowie die Abb. 1 und 21 zeigen Rutengänger, die ihr Instrument fast immer in einer anderen Weise festhalten: Einige halten ihr Instrument von unten, andere gerade von oben (so dass die Handflächen nach unten weisen); bei einigen weist die Spitze der Wünschelrute in der neutralen Stellung nach vorne, bei anderen gerade nach oben oder unten. Zum Teil wird diese Handhabungsweise der Wünschelrute durch regionale Traditionen bestimmt (die sich im Laufe der Jahrhunderte allmählich veränderten), aber auch die persönliche

Vorliebe für eine bestimmte Haltung spielt zweifellos eine große Rolle. Die Haltung, die z.B. Charles Adams in Abb. 37 einnimmt, ist recht ungewöhnlich – und unseres Wissens auf keine lokale Tradition zurückzuführen –, und deshalb ist anzunehmen, dass Adams durch Ausprobieren entdeckte, dass diese spezielle Handhabungsart für ihn optimal war. Es fällt auf, dass in den ersten Büchern, die über das Rutengehen erschienen, kaum etwas über die Art zu lesen ist, in der der Rutengänger sein Instrument festhält. Erst gegen Ende des 17. Jh. beginnt man sich für diesen (doch sehr wichtigen) Aspekt mehr zu interessieren.

Abb. 38 zeigt zwei Abbildungen aus zwei verschiedenen französischen Büchern, die beide etwa um 1692 gedruckt wurden; diese Abbildungen zeigen zwei deutlich verschiedene Haltungen: Auf der einen Darstellung wird die Wünschelrute schulterhoch gehalten, wobei die Spitze in einem Winkel nach unten zeigt und die Ellbogen seitlich angehoben sind, während die Wünschelrute auf der anderen Abbildung mehr oder weniger senkrecht nach unten zeigt und mit der ganzen Hand von unten an den Enden gefasst wird, wobei die Ellbogen an den Körper angelegt sind. Offenbar gibt es hier nicht wenige Variationen! Dies beweist vor allem das dickleibige „Handbuch der Wünschelrute" (1931) von Carl Graf von Klinckowstroem und Rudolf Freiherr von Maltzahn: Hier wird die Handhabungsweise des Instruments ausführlich betrachtet, und es werden viele Variationsmöglichkeiten gegeben. Eini-

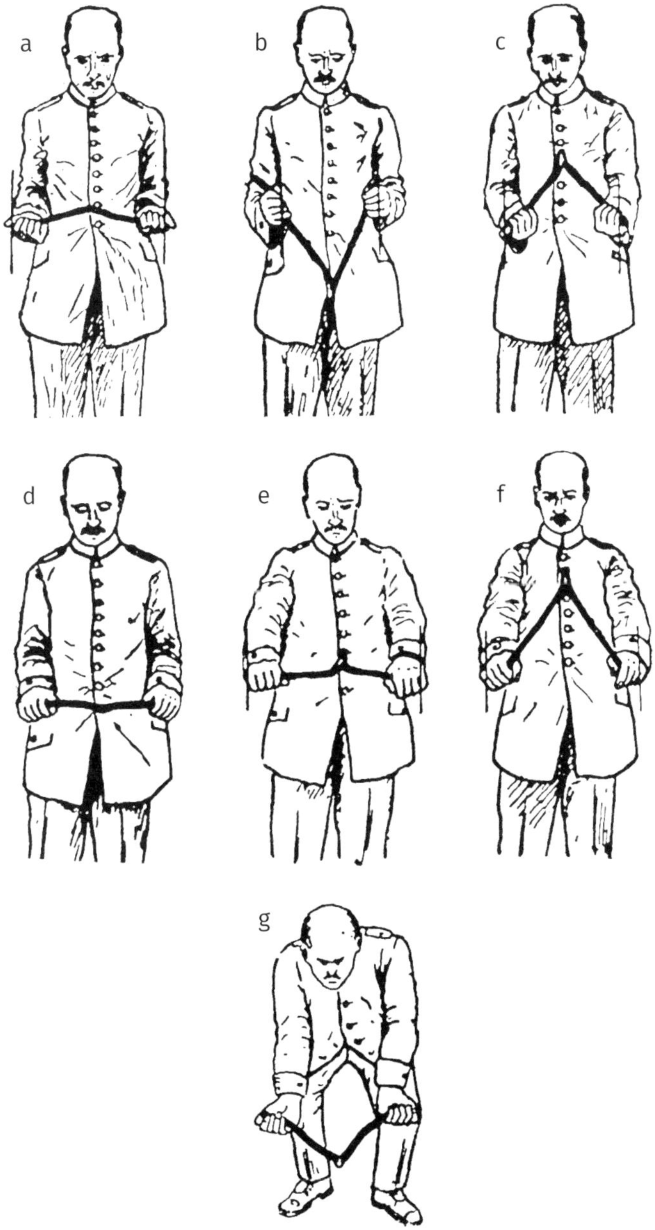

39
Einige Illustrationen aus dem „Handbuch der Wünschelrute" (1931) von Von Klinckowstroem und Von Maltzahn, die unterschiedliche Griffe und die entsprechenden Rutenreaktionen zeigen: Von unten mit der Spitze nach oben (a), (b), (c), von oben mit der Spitze nach vorne (d), von oben mit der Spitze nach innen (e), (f) und ein besonderer Griff von unten, wobei die Unterarme auf den Oberschenkeln ruhen (g).

ge Illustrationen aus diesem Buch sind in Abb. 39 wiedergegeben, und die Bildunterschrift spricht für sich selbst.

Außer Theologen und Naturwissenschaftlern hat die Wünschelrute im Laufe der Jahrhunderte auch viele Schriftsteller und Dichter inspiriert, und zwar sowohl im Lager der Gegner als auch demjenigen der Befürworter. In diesem Zusammenhang sei ein Spottgedicht wiedergegeben, das der britische Schriftsteller Jonathan Swift im Jahre 1710 verfasste:

They tell us something strange and odd,
About a certain Magick Rod,
That, bending down it's Top, divines
When e'er the Soil has Golden Mines:
Where there are none, it stands erect,
Scorning to show the least Respect.

Zweifellos war Swift von der Wirkung der Wünschelrute nicht besonders überzeugt. Es gibt jedoch auch andere Gedichte von Autoren, die wiederum von der Realität des Phänomens völlig überzeugt waren. Einigen dieser Schriftsteller gelang es, ihre persönlichen Empfindungen beim Rutengehen besonders fesselnd und klar in Worte zu kleiden. Das Gefühl, das den Rutengänger durchströmt, wenn sein Instrument eine Reaktion zeigt, aber auch das Geheimnisvolle, Unergründliche, das die Wünschelrute in sich trägt, kommt unseres Erachtens in dem folgenden Gedicht von C. I. G. van Delft, das wir unlängst in einem Gedichtband fanden, besonders schön zum Ausdruck:

Im Wald auf weichem Grund
Der Zweig den ich dort fand
Bebt in wartenden Händen
Erschauernd fühl' ich Bewegung
Eine Botschaft dringt heran
Von irgendwo für mich
Strömt durch mich hin
Der Zweig meine Hand mein Herz
Er zieht eine tiefe Spur
Ich bleibe stumm vor Staunen.

14 Außergewöhnliche Leistungen

In den vorangegangenen Kapiteln haben wir vielfältige Anwendungsmöglichkeiten des Rutengehens besprochen. Wenn sich auch die Techniken von Fall zu Fall unterschieden, ging es doch in den meisten genannten Anwendungen um das Aufspüren ganz normaler gegenständlicher Objekte wie Wasserleitungen, Telefonkabel, elektrischer Leitungen usw. Die Rutengänger haben sich jedoch auch mit ausgefalleneren Aufspürtechniken beschäftigt, die eher parapsychologischer als physikalischer Natur sind. Manche behaupten von sich, auf diesem Randgebiet spektakuläre Leistungen vollbracht zu haben; da jedoch hier in vielen Fällen eine objektive Überprüfung nicht möglich ist, ist es meist sehr schwierig festzustellen, ob die Ergebnisse zuverlässig sind oder ob wir es mit „Rutengängerlatein“ zu tun haben.

So gibt es Rutengänger, die behaupten, verlorengegangene Gegenstände oder vermisste Menschen aufspüren zu können. Zum Aufspüren benutzen sie in der Regel ein Pendel, einen Zeigestab und eine Karte des Gebietes, in dem sie die vermisste Person oder den Gegenstand vermuten: Dies kann dann z.B. der Grundriss eines Hauses sein (wenn es z.B. um einen verlorenen Schlüsselbund geht) oder aber ein Stadtplan oder eine Landkarte. Der Pendler nimmt dann das Pendel in eine Hand und richtet den Zeigestab auf eine Stelle der Karte, die er vor sich auf den Tisch gelegt hat, wobei er sich vollständig auf den vermissten Gegenstand konzentriert. Während er nun den Zeigestab nach einem bestimmten Schema über die Karte führt, beobachtet er die Reaktion des Pendels: Wenn dieses plötzlich von einer Hin-und-Her-Bewegung in eine Kreisbewegung übergeht, ist dies für ihn ein Zeichen, dass er mit dem Stab an eine entscheidende Stelle gelangt ist. Diese Form des Rutengehens wird als „Kartenpendeln“ bezeichnet und wird, wie der Name schon sagt, häufig mit einem Pendel ausgeführt, und zwar aus dem einfachen Grund, weil man dieses Instrument mit einer Hand bedienen kann. Es ist allerdings auch möglich, beim Karten-Rutengehen z.B. eine V-Rute zu benutzen, wobei dann der Zeigestab in der Weise zwischen die freien Finger einer Hand geklemmt wird, dass die Spitze des Stabes über die Karte geführt werden kann.

Es gibt Berichte über amerikanische Rutengänger, die regelmäßig von der Polizei eingesetzt werden, um mit dieser Kartentechnik vermisste Personen oder entsprungene Verbrecher ausfindig zu machen. Das Aufspüren hat größere Aussicht auf Erfolg, wenn der Rutengänger über ein „sample“ des aufzuspürenden Objekts bzw. der vermissten Person verfügt; dies kann z.B. ein Foto oder ein Gegenstand aus dem persönlichen Besitz des Gesuchten sein bzw. – wenn es um einen Gegenstand geht – etwas mit derselben charakteristischen Zusammensetzung. Meist hält der Rutengänger ein solches Probestück in einer der beiden Hände, während er die Karte absucht, um dadurch einen besseren „Kontakt“ zum Gesuchten zu bekommen. Es ist klar, dass es sich hier im Gegensatz zu der mehr physikalischen Reaktion der Wünschelrute, wie sie in den vorangegangenen Kapiteln besprochen wurde, um eine mehr paranormale oder parapsychologische Technik handelt. Die Autoren haben zwar keine Erfahrung mit dieser besonderen Form des Rutengehens, jedoch erscheint uns die häufig geäußerte Kritik an der angeblichen Zuverlässigkeit der Ergebnisse berechtigt, da sie in der Regel nicht objektiv nachprüfbar sind. Hierzu kommt noch eine gefährliche Neigung, die positiven Ergebnisse eines „Experimentes“ im Gedächtnis zu behalten und die negativen als nicht relevant abzutun; die Echtheit der Technik wird dann mit lauter Zufallstreffern belegt. Es ist klar, dass hierdurch ein stark verzerrtes Bild davon entsteht, was mit der Wünschelrute bzw. dem Pendel möglich ist und was nicht.

Ein frappierendes Beispiel für Kartenpendeln ist in Tom Graves' Buch „Dowsing“ beschrieben: Der Autor berichtet darin, wie ein Freund in London einen seiner Kollegen aufspürt. Dieser führte offenbar ein recht unstetes Dasein und war unter den normalen Telefonnummern selten zu erreichen. Der Rutengänger nahm deshalb sein Pendel, einen Zeigestab und einer Stadtplan mit allen Stadtvierteln und Vorstädten Londons. Zunächst bestimmte er an Hand des Verzeichnisses der Stadtviertel, in welcher Gegend sich der Kollege zu diesem Zeitpunkt befand, und anschließend die betreffende Straße. Das Pendel bezeichnete ein bestimmtes Hotel, jedoch ergab ein Telefonanruf, dass hier niemand unter dem Namen seines Kollegen bekannt war. Von seiner Intuition geleitet, hinterließ er aber doch für seinen Kollegen eine Nachricht. Zwei Stunden später rief sein – höchst erstaunter – Kollege aus eben diesem Hotel an und fragte ihn, wie er ihn hätte finden können, da er erst vor einer Stunde beschlossen hatte, sich in dieses Hotel zu begeben! ?

Dies ist vielleicht ein sehr extremes Beispiel, jedoch gibt es unzählige Berichte über ähnliche Leistungen. Etwas weniger spektakulär, aber doch beachtlich, sind die Leistungen von Rutengängern, die von Lawinen verschüttete Menschen aufgespürt haben: In Skandinavien, in der Schweiz und in Österreich scheinen diese Menschen mehrmals Retter in der Not gewesen zu sein. Bei solchen Ereignissen wendet man allerdings nicht die Kartentechnik an, sondern arbeitet „im Felde", und dies macht alles vielleicht etwas verständlicher.

Im Grunde löst sich der Kartenpendler von seiner eigenen Umgebung und versucht, sich mit Hilfe der Karte in eine andere Umgebung zu versetzen, in der sich das Gesuchte befinden könnte. Es gibt jedoch eine andere, dazu analoge Technik, bei der sich der Rutengänger nicht an einen anderen Ort, sondern in eine andere Zeit versetzt, das sogenannte Zeitpendeln. Hierfür scheint große Konzentration notwendig zu sein; außerdem benötigt man einen Zeigestab und eine Liste mit Daten und Jahreszahlen. Wenn man den Zeigestab nacheinander über die verschiedenen Daten führt und die entsprechende Reaktion des Pendels oder der V-Rute sorgfältig beobachtet, erhält man Hinweise zum Beispiel über das zu bestimmende Alter eines Gegenstandes oder das genaue Datum eines bestimmten Ereignisses. Mit dieser besonderen Technik scheint es ohne weiteres auch möglich zu sein, sich nicht nur in die Vergangenheit, sondern auch in die Zukunft zu versetzen. Für den heutigen rational eingestellten Menschen ist dies schwer vorstellbar, denn man könnte ja dann mit dieser Technik zukünftige Ereignisse vorhersagen, und dies beschwört eine paradoxe Situation herauf, in der das Kausalitätsprinzip (die Beziehung zwischen Ursache und Wirkung} der Physik verletzt wird.

Außer vermissten Menschen oder Dingen können manche Rutengänger oder Pendler auch Tiere aufspüren. Meist handelt es sich dabei um entlaufene Haustiere. Wie beim Aufspüren von vermissten Personen benötigt der Pendler hierfür möglichst ein „sample" des betreffenden Tieres, z.B. ein Haarbüschel, die Liegedecke oder den Trinknapf oder auch ein Foto des Tieres. Das Aufspüren selbst erfolgt dann wieder mit der Kartentechnik. Außer zum Auffinden von entlaufenen Schoßhündchen wenden manche Rutengänger diese Technik auch zum Lokalisieren von z.B. einem Rudel Hirsche oder von anderem Wild an; bevor sie in einen bestimmten Wald gehen, um dort das Wild zu beobachten, stellen sie erst zu Hause auf einer Karte fest, wo sich die größten Rudel befinden. Diese Aufspürtechnik wird wohl auch von rutengehenden Jägern angewandt.

Ein anderes Anwendungsgebiet ist die Untersuchung von Pflanzen auf ihre Gesundheit und die Ermittlung der jeweiligen Nährstoffe, die sie zum gegebenen Zeitpunkt am notwendigsten brauchen. Man legt hierzu ein wenig Erde aus dem Blumentopf vor sich auf den Tisch sowie die zu untersuchende Pflanze selbst. Man muss nun das Pendel (oder eventuell auch die Wünschelrute) zu einer „ja/nein"-Reaktion bringen: Eine kreisförmige Bewegung kann z.B. ja bedeuten, eine lineare Schwingung nein. Der Rutengänger stellt dann eine ganze Liste von Nährstoffen und Elementen zusammen (Stickstoff, Kalzium, Phosphor, Kalk, Spurenelemente usw.) und fragt sich und sein Pendel: „Braucht die Erde dieser Pflanze dieses Element?", während er mit einem Zeigestab auf einen der Nährstoffe in der Liste zeigt. Auf diese Weise können manche Rutengänger angeblich sehr gesundes Gemüse oder Obst heranziehen.

Andere gehen noch weiter und wenden diese Technik auch auf Tiere und selbst Menschen an, um festzustellen, ob diese gesund sind oder ob sie eventuell eine bestimmte Diät brauchen. Zur Diagnosestellung benutzt man dabei eine Liste der Organe und Körperteile, die man der Reihe nach durchgeht. Einige können mit Hilfe dieses „medizinischen" Rutengehens oder Pendelns das „Vitalitätsniveau" ihrer Versuchsperson oder des Versuchstieres bestimmen, was immer das sein mag. Zur Linderung von Schmerzen oder zur Vergrößerung von „Vitalität" sind natürlich andere Techniken erforderlich, wobei man sich meist mit der Ernährung des Patienten befasst.

Eine recht praktische Anwendung einer parapsychologischen Form des Rutengehens oder Pendelns betrifft die Kriminologie, genauer gesagt die Bestimmung der Schuld oder Unschuld eines mutmaßlichen Verbrechers. Im vorangegangenen Kapitel über die Geschichte des Wünschelrutenphänomens haben wir kurz das aufsehenerregende Auftreten des besonders begabten französischen Rutengängers Jacques Aymar gegen Ende des siebzehnten Jahrhunderts behandelt. Außer zum Aufspüren von Verbrechern wurde Aymar Jedoch häufig auch herangezogen, um ihre angebliche Schuld festzustellen; vor allem, wenn die Richter zu keinem einmütigen Spruch kamen, scheint der Befund des Rutengängers den Ausschlag gegeben zu haben. Hierbei soll jedoch daran erinnert werden, dass man damals auch durch das Wiegen von Frauen „objektiv" feststellen konnte, ob sie Hexen waren oder nicht. Diese Praktiken gehören Gottseidank der Vergangenheit an.

Kehren wir wieder zu den mehr physikalischen Formen des Rutengehens zurück. Wie erwähnt, können manche erfahrenen Rutengänger oder Pendler nicht nur unterirdische Leitungen und Erzadern, sondern auch das Vorhandensein von Erdöl und Erdgas feststellen, wenn man den vorhandenen Berichten Glauben schenken darf. So soll Anfang dieses Jahrhunderts der Deutsche von Bülow mit seiner Tochter Caroline, einer späteren Gräfin von Finckenstein, auf der Lüneburger Heide mit Hilfe der Wünschelrute nicht weniger als achtzehn Stellen gefunden haben, an

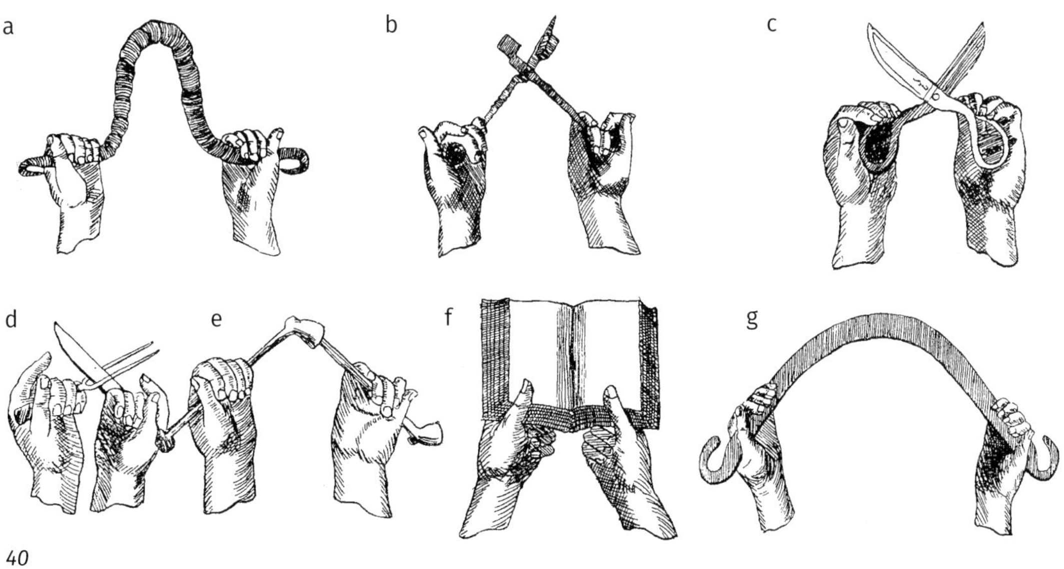

40

Einige Illustrationen aus dem Buch „Pantomysterium" (1700) von J.G.Zeidler, die eine Reihe ungewöhnlicher Ruteninstrumente zeigen: a) eine gebogene Knackwurst, b) einen Dochtschneider, c) eine Schere, d) ein gekreuztes Besteck, e) zwei holländische Tabakspfeifen, f) ein aufgeschlagenes Buch und g) einen Eimergriff.

denen Öl vorhanden sein sollte. Bei Bohrungen wurde man an allen achtzehn Stellen fündig, wobei zwölf Quellen recht kräftig sprudelten, während bei den übrigen die Ausbeutung nicht wirtschaftlich war.

Eine andere physikalisch orientierte Anwendung ist das Lokalisieren unterirdischer Tunnel, Landminen und Fallen. Solche Techniken wandten z.B. im Ersten Weltkrieg Offiziere des deutschen Heeres an. Auch im britischen Heer wurden Rutengänger konsultiert, besonders während des Zweiten Weltkrieges, wo sie in der Sahara Grundwasser aufspüren sollten. Auch die amerikanischen Streitkräfte setzten im Vietnamkrieg Rutengänger ein, die in schwer zugänglichem Gelände beim Aufspüren von Minen und unterirdischen Waffendepots halfen. Auch in der Sowjetunion arbeiten offenbar offizielle Stellen mit Rutengängern; diese „operators", wie sie dort genannt werden, werden vom Staat unterstützt und arbeiten auf archäologischem Gebiet sowie im Bergbauwesen und verrichten Ortungsaufgaben für die Streitkräfte.

In den vorangegangenen Kapiteln wurde bereits am Rande erwähnt, dass Rutengänger im Laufe der Jahrhunderte mit einer Vielzahl von Instrumenten arbeiteten. Die interessanteste Aufstellung finden wir in dem bereits genannten Buch „Pantomysterium" (1700) von Johann Gottfried Zeidler: Die Palette der Instrumente reicht von einem aufgeschlagenen Buch bis zu einer zusammengebogenen Knackwurst. Auf Abb. 40 sind einige dieser Instrumente zu sehen.

Die technische Entwicklung ist jedoch nicht stehengeblieben, und so haben wir vor kurzem in einer Elektronikzeitschrift eine Baubeschreibung für eine „elektronische Wünschelrute" gefunden. Hierbei handelt es sich im Grunde um eine elektronische Schaltung, mit der es möglich ist, die Stärke des elektromagnetischen Feldes – und hierbei insbesondere dessen räumliche Schwankungen – mit recht großer Genauigkeit zu messen. Dieses elektromagnetische Feld wird von vielen, meist weniger naturwissenschaftlich denkenden, Menschen als Erdstrahlen bezeichnet. Dies ist ein recht vager Begriff, jedoch soll damit dasjenige bezeichnet werden, was die Wirkung der Wünschelrute hervorruft; Erdstrahlen-Bereiche sind dann die Zonen, in denen die Wünschelrute oder das Pendel eine Reaktion zeigt. In einem früheren Kapitel wurde ein solches Gebiet als „Signalspur" bezeichnet. Allerdings sollten wir mit dem Begriff Erdstrahlen vorsichtig sein, da er zu Unrecht suggeriert, dass diese Strahlung physikalische Realität ist, während der Begriff in Wirklichkeit hier nur im übertragenen Sinne gebraucht wird. Wenn man von Erdstrahlen hört oder liest, ist häufig auch von sogenannten Entstörgeräten die Rede. Manche Autoren behaupten, dass eine Reihe körperlicher und/oder seelischer Beschwerden dadurch hervorgerufen werden, dass z.B. das Bett der betreffenden Person genau über der Kreuzung zweier Erdstrahlenbahnen steht. Die Beschwerden sollen angeblich verschwinden, wenn man das Bett an einen anderen Platz stellt oder an geeigneter Stelle ein solches Entstörgerät anbringt. Manchmal enthält ein solches (teures) Kästchen eine (sehr billige) elektrische Schaltung mit einer Spule und einem Kondensator, und es kommt auch vor, dass ein solches Kästchen überhaupt nichts enthält. Unlängst erschien auch ein anderer Typ „Entstörgerät" auf dem Markt, der nichts weiter ist als ein Metallring, der an einer Stelle unterbrochen ist. Wie ein solches Gerät wirkt, ist völlig ungeklärt; fest steht jedenfalls, dass viele Menschen durch ein solches Gerät von körperlichen oder seelischen Beschwerden befreit wurden. Vielleicht erklärt dies, warum ein Hufeisen (das im Grunde nur ein unterbrochener Metallring ist) schon seit Jahrhunderten als Glücksbringer gilt und vielfach über der Tür befestigt wird, um böse Einflüsse abzuhalten. In vielen Büchern und Schriften, in denen die Wünschelrute und ihre Wirkung erwähnt werden, findet sich häufig eine ganze Palette höchst unterschiedlicher Themen, die im Grunde nichts miteinander zu tun haben: Die besondere konservierende Wirkung der Pyramiden, die Steinkolosse der Osterinseln, telekinetische Leistungen, der Steinkreis von Stonehenge, Reinkarnation, das rätselhafte Bermuda-Dreieck,

Erdstrahlen usw.: dies alles wird manchmal in einem Atemzug mit dem Wünschelrutenphänomen genannt. Häufig stellt man auch bei Gesprächen mit Freunden oder Bekannten fest, dass sich das Thema, nachdem man sich zunächst über das Rutengehen unterhält, plötzlich in Richtung eines der obengenannten Themenkreise verlagert. Diese Erscheinung ist natürlich darauf zurückzuführen, dass man diese Themen bis heute nicht völlig verstanden hat, und diese deshalb stark an die menschliche Neugier appellieren. Das Geheimnisvolle, in diesem Fall durch besondere Leistungen, Ereignisse oder Eigenschaften bewirkt, für die es noch keine befriedigende Erklärung gibt, hat eine sehr große Anziehungskraft, und dies machen sich manche Autoren dankbar zunutze.

Am Ende dieses Buches wird dem Leser klar geworden sein, dass wir in dieser Hinsicht einen etwas differenzierteren Standpunkt einnehmen möchten. Auch wenn man die genaue Wirkung der Wünschelrute noch nicht verstanden hat, so scheint doch das Wirkungsprinzip eine physikalische Grundlage zu haben. Aus diesem Grund erscheint es uns unzulässig, die Wünschelrute in einem Atemzug mit allerlei paranormalen oder parapsychologischen Erscheinungen zu nennen, schon gar nicht mit dem Verschwinden von Flugzeugen und Schiffen im Bermuda-Dreieck. Damit wird man dem Wünschelrutenphänomen nicht gerecht. Hier haben manche Autoren – die hier ungenannt sein sollen – großen Schaden angerichtet, die, indem sie alle diese Themen in einen Topf warfen, viele Menschen zu fesseln verstanden, aber gleichzeitig auch die Glaubwürdigkeit der einzelnen Phänomene in ein ungünstiges Licht rückten. Durch eine solche Darstellung wird die Aura des Unglaubwürdigen, die dem Rutengehen doch auch anhaftet, nur noch verstärkt, und dies kann dazu führen, dass „nüchterne“ Menschen abgeschreckt werden und es nicht mehr wagen, sich mit dieser Materie zu befassen.

Dies ist bedauerlich und ungerechtfertigt, denn das Rutengehen ist in vielen Fällen eine sehr seriöse und nüchterne Beschäftigung. Soviel sollte immerhin nach der Lektüre dieses Buches klargeworden sein.

Anhang: Einige Tipps bei „Störungen“

Es kann sein, dass Sie am Anfang Schwierigkeiten haben, mit einem bestimmten Instrument zuverlässig Reaktionen zu bekommen. Es ist zwar nicht möglich, hierfür ganz allgemein eine Ursache anzugeben, jedoch sollen hier einige Tipps gegeben werden, die bei der Beseitigung eventueller „Störungen“ nützlich sein können.

- Beginnen Sie, und dies gilt für alle Instrumente, mit denen Sie arbeiten - aus einer vollkommen entspannten Anfangshaltung, wobei Sie die Arme zunächst einige Zeit lose am Körper herabhängen lassen.
- Bringen Sie das Instrument anschließend in den neutralen Zustand. Auch hierbei nehmen Sie eine vollkommen entspannte Haltung ein, jedoch konzentrieren Sie sich jetzt vollständig auf das Instrument, das Sie in Händen halten.
- Bevor Sie losgehen, müssen Sie sich vergewissern, dass Sie das Instrument völlig unter Kontrolle haben. Achten Sie insbesondere auf die folgenden Punkte:
- Die Metallstäbe müssen locker gehalten werden, so dass sie sich frei drehen können, aber wiederum auch so fest, dass sie beim Gehen nicht „wippen“. Eventuell kann man die Empfindlichkeit anpassen, indem man die Stäbe in einem kleinen Winkel nach unten weisen lässt. Die Stäbe nicht zwischen den Fingern festklemmen, sondern in den locker geschlossenen Händen halten.
- Die V-Rute weist die richtige Spannung auf, wenn sie sofort nach oben oder unten wegschnellt, sobald jemand leicht gegen die Spitze tippt. Die Empfindlichkeit kann gemäß den in Abb. 12 angegebenen Anleitungen geregelt werden.
- Für den Gabelzweig gilt in etwa das für die V-Rute Gesagte. Größere Zweige hält man eventuell mit der ganzen Faust fest.
- Das Pendel muss ruhig und gleichmäßig in einer Richtung von Ihnen weg schwingen. Halten

Typ	Vorteile	Nachteile
Metallstäbe	• leicht zu erlernen • zuverlässige Reaktion • zur Positionsbestimmung geeignet • zur passiven Richtungsbestimmung geeignet • Reaktionsausschlag gut messbar	• reagiert nur beim Gehen • zum Aufspüren von Wandleitungen weniger geeignet • zum Feststellen von Einzelobjekten weniger geeignet • windempfindlich
V-Rute	• zur Positionsbestimmung geeignet • zur Richtungsbestimmung geeignet • im Haus und im Freien einsetzbar • für „feine“ Arbeiten geeignet • windunempfindlich • handlich, passt in jede Tasche	• Reaktionsausschlag sehr schwierig zu messen
Gabelzweig	• zur Positionsbestimmung geeignet • zur Richtungsbestimmung geeignet • für drinnen und draußen	• muss häufig erneuert werden (Austrocknung) • erfordert einige Erfahrung
Pendel	• zur Positionsbestimmung geeignet • zur Richtungsbestimmung geeignet • für „feine“ Arbeiten geeignet • bequem mitzunehmen	• schwierig zu erlernen • erfordert sehr viel Erfahrung • Reaktionsausschlag schwierig messbar • windempfindlich

Gegenüberstellung der Vor- und Nachteile der einzelnen Instrumente.

Sie die Hand ruhig und in einiger Entfernung von Ihrem Körper.

- Gehen Sie anschließend ganz langsam los, und achten Sie darauf, dass die Wünschelrute bzw. das Pendel ständig unter Kontrolle bleibt. Gehen Sie mit etwa zwei Schritten in vier bis fünf Sekunden, keinesfalls schneller!
- Speziell für den Gabelzweig gilt, dass dieser biegsam und daher frisch sein muss. Schneiden Sie sich ggf. einen neuen.
- Schlechte Witterungsbedingungen können das Rutengehen erheblich erschweren. Bei böigem Wind müssen am Instrument eventuell Anpassungen vorgenommen werden: Die Stäbe lässt man etwas nach unten hängen, und beim Pendel nimmt man einen größeren Schwingradius und ein schwereres Gewicht.
- Üben Sie häufig! Legen Sie jedoch regelmäßig Erholungspausen ein (lassen Sie die Arme einige Zeit locker am Körper herabhängen), und vermeiden Sie eine verkrampfte Haltung.
- Wenn Sie mit einem bestimmten Instrument keine Reaktionen bekommen, suchen Sie erst mit einem anderen Gerät eine Stelle, an der eine unterirdische Leitung oder etwas Ähnliches verläuft, damit Sie sicher wissen, wo das Instrument ausschlagen muss. Halten Sie sich genau an die für das betreffende Instrument gegebenen Anleitungen (siehe Teil I).

Mit diesen Ratschlägen sollte es gelingen, mit dem Instrument zuverlässige Reaktionen zu bekommen. Viel Erfolg!

Anleitung zum Bau von Wünschelruten

Herstellung einer L-Rute oder Winkelrute

Grundsätzlich können Sie eine L-Rute oder Winkelrute aus jedem beliebigen Material herstellen. Es hat sich jedoch in der Praxis als sinnvoll erwiesen, die L-Ruten aus verzinktem Draht (z. B. aus zwei alten Drahtkleiderbügeln) oder aus Schweißdraht bzw. Messingdraht mit einer Stärke von 2-3 mm herzustellen.

Den Draht bekommen Sie in jedem größeren Eisenwarengeschäft in der Bastelabteilung oder in Heimwerkerläden. Verwenden Sie gerade Drahtstücke und keinen Draht von der Rolle, damit Ihre L-Ruten symmetrisch sind. Sie können sich nun zwei gleichlange Stücke von 42 cm Länge abschneiden und jeweils im Winkel von 90° so abbiegen, dass das längere Stück 27 cm und das kürzere 15 cm lang ist.

Der kürzere Teil der L-Rute dient als Haltegriff, der längere Teil ist der Anzeigestab, an dem Sie die Rutenreaktion erkennen können. Die angegebene Länge hat sich für das Einüben der Rutentechnik als praktisch erwiesen. Sie können aber L-Ruten auch in anderen Längen (bis ca. 50 cm Länge des Anzeigestabes) herstellen und ausprobieren, ob Sie damit besser arbeiten können.

Herstellung einer V-Rute:

Für die V-Rute gilt ebenfalls der Grundsatz, dass sie aus fast jedem Material hergestellt werden kann, vorausgesetzt es ist elastisch. Einfacher Eisen- oder Kupferdraht eignet sich also nicht, da er sich verbiegt, ebenso wenig starre Plastikmaterialien.

Sie können aber Federstahldraht oder dünne Federstahlbänder ebenso verwenden wie elastisches Kunststoffmaterial. In unserem Buch wurde als Beispiel für die Handhabung einer V-Rute als Material 0,5 mm dünner Federstahl mit einer Breite von 6 mm und der Länge von 20 cm verwendet. Besorgen sie sich zwei gleichlan-

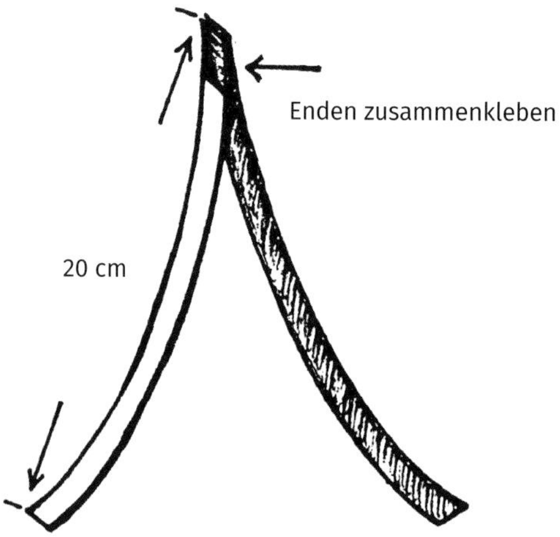

ge Stücke dieses Materials (das Sie auch noch lackieren können) und verbinden Sie die beiden Stücke an einem Ende z.B. durch einen Metallkleber. Sie können zusätzlich ein Stück Gewebeband in der Breite von ca. 10 mm um die zusammengeklebten Enden wickeln. Die Klebestelle sollte ebenfalls nicht breiter sein als ca. 10 mm. Dasselbe können Sie auch mit einem elastischen Kunststoffmaterial (zwei Rundstäben oder Flachprofilen) machen. Runder Federstahldraht mit Stärken von 1 - 2 mm ist ebenfalls zu verwenden.

Die Stärken der Materialien (Querschnitt der Rundstäbe oder Drähte) sollten aber nicht 5 - 6 mm bei Plastik und 3 mm bei Stahl übersteigen, da sonst die Handhabung der V-Ruten erschwert wird.

Schnittmuster für die Fähnchen

Zur Herstellung der Fähnchen wird das untenstehende Muster in Originalgröße oder etwas vergrößert mehrfach auf weißes oder farbiges Papier kopiert. Nach dem Ausschneiden wird das Papier an der Mittelachse gefaltet, innen mit Klebstoff eingestrichen, um einen Holzstab (z.B. Schaschlikspiess) gelegt und zusammengeklebt, so dass der Stab eingeklebt ist.

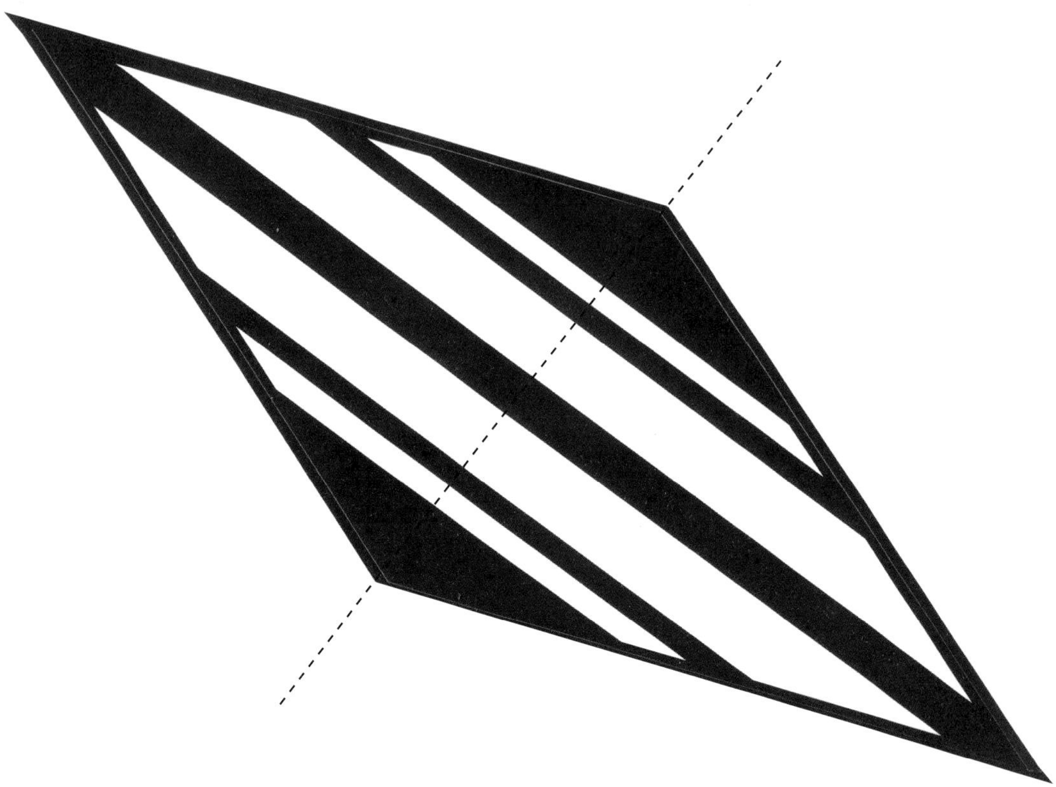

Weitere Bücher im ökobuch Verlag

Anders gärtnern

Permakultur-Elemente im Hausgarten. Ob Kräuterspirale, Krater- bzw. Hochbeet, Kartoffelturm, Wurmfarm oder Erdgewächshaus mit Hühnerstall, bei allem dient die Natur als Vorbild. Mit vielen Anleitungen für einen Hausgarten, in dem die Bereiche harmonisch zusammenwirken und sich gegenseitig fördern. Von Margit Rusch. 96 Seiten, mit vielen farbigen Abbildungen, 16,95 €

Mein kleiner Permakultur-Garten

300 kg Ernte auf 150 m² Fläche mitten in der Stadt. Der Autor Josef Chauffrey beschreibt die Kultivierung eines Reihenhausgartens nach Permakultur-Prinzipien und zeigt, wie sich beachtliche Ernteerfolge an Obst u. Gemüse erzielen lassen. 110 Seiten, mit vielen farbigen Abbildungen, 16,95 €

Das Biogarten-Praxisbuch

Anleitung zum naturgemäßen Gärtnern in Bildern. Hier wird das notwendige Wissen vermittelt, um erfolgreich den Boden zu bestellen und reichhaltig gesundes Obst und Gemüse zu ernten. Susanne Bruns. 224 Seiten, viele Abbildungen, 18,95 €

Permakultur im Hausgarten

Mit diesem Buch gibt der Autor einen Leitfaden an die Hand, wie ein Hausgarten Stück für Stück zum persönlichen und vielseitigen Permakultur-Garten gestaltet oder umgestaltet werden kann. Jonas Gampe. 144 Seiten, mit vielen Abbildungen, 16,95 €

Auf 300 qm Gemüseland

... den Bedarf eines Haushalts ziehen. Wie man auf kleinstem Raum einen Nutzgarten anlegt und erfolgreich bewirtschaftet, können wir von unseren Vorfahren lernen. Mit schnellen, praktischen, alphabetisch geordneten Infos über die wesentlichen Pflanzen, über Anbau- und Arbeitsmethoden. Von Arthur Janson. Neugestalteter Nachdruck der Erstausgabe von 1926. 170 Seiten, 16,95 €

Saatgut aus dem Hausgarten

Nach einer Einführung in die Saatgutgewinnung und in die Praxis der Vermehrung werden die nötigen Hilfsmittel, Ernte, Reinigung und Lagerung der Samen sowie Aussaat und Aufzucht beschrieben. Mit kurzen Pflanzenporträts aller im Hausgarten üblichen Kräuter, Gemüse und Blumen. Von Marlies Ortner. 138 Seiten, mit vielen farbigen Abbildungen, 19,90 €

Trocknen und Dörren mit der Sonne

Bau & Betrieb von Solartrocknern. Ein Buch für alle, die einen funktionstüchtigen Solartrockner kostengünstig selbst bauen möchten, um Obst, Gemüse und Kräuter natürlich und hochwertig haltbar zu machen. Außerdem: Praxis des Trocknens mit vielen Tipps aus langjähriger Erfahrung. Herausgegeben von Claudia Lorenz-Ladener. 96 Seiten, mit vielen farbigen Abbildungen, 16,95 €

Terrassen und Decks aus Holz selbst gebaut

Planungsüberlegungen, sinnvolle Konstruktionen, Materialempfehlungen. Viele Beispiele und Schritt-für-Schritt-Bilder vermitteln das Wissen zum Bau schöner Holzdecks. Von Peter Himmelhuber. 102 Seiten, mit vielen farbigen Abbildungen, 16,95 €

Mein Garten lebt

Vögel, Schmetterlinge, Igel, Wildbienen und andere nützliche Tiere ansiedeln. Mit Bauanleitungen und Gestaltungsideen, um durch Nisthilfen, Schlafquartiere u.ä, Gärten tierfreundlich zu gestalten. Von Peter Himmelhuber. 96 Seiten, mit vielen farbigen Abbildungen, 16,95 €

Natürlich konservieren

Die 250 besten Rezepte, um Gemüse und Obst möglichst naturbelassen haltbar zu machen und ein maximum an Vitaminen, Nährstoffen und Geschmack zu erhalten. Herausgegeben von Terre Vivante. 160 Seiten, mit vielen Abbildungen, 16,95 €

Trockenmauern für den Garten

Bauanleitung & Gestaltungsideen. Ob Sitzplätze oder Hochbeete einzufassen, eine Hangfläche zu terrassieren oder das Grundstück einzugrenzen: Mit einfachen Werkzeugen kann jeder kostengünstig eine schöne und dauerhafte Trockenmauer selbst bauen. Von Jana Spitzer und Reiner Dittrich. 96 Seiten, mit vielen farbigen Abbildungen, 16,95 €

Bunte Körbe aus Gräsern und Kräutern

Die Technik des Korbwickelns neu entdeckt. Anleitungen zur Herstellung von bunten Körben durch Wickeln und Vernähen von Strängen aus heimischen Faserpflanzen. Mit vielen Schritt-für-Schritt-Anleitungen. Von Walter Friedl. 96 Seiten, mit vielen farbigen Abbildungen, 17,95 €

Hauserneuerung

Instandsetzen - Modernisieren - Energiesparen - Umbauen: mit Anleitung zur Selbsthilfe. Das Buch beschreibt ausführlich den behutsamen, handwerklich sachgerechten und umweltverträglichen Umgang mit alter Bausubstanz. Von G. Haefele, W. Oed und L. Sabel. 256 Seiten, mit vielen Abbildungen, 28,90 €

Vom Altbau zum Effizienzhaus

Energietechnische Gebäudesanierung in der Praxis: Nachträgliche Wärmedämmung der Gebäudehülle, Fenstererneuerung, sowie Sanierung der Haustechnik einschließlich Lüftung, Heizung, Sanitär und Elektro. Hrsg. von Ingo Gabriel und Heinz Ladener. 200 Seiten, mit vielen farbigen Abbildungen, 28,90 €

Praxis: Holzfassaden

Material, Planung, Ausführung. Das Buch zeigt nicht nur die gestalterischen Möglichkeiten moderner Holzfassaden, sondern stellt zahlreiche vorbildliche Beispiele und Detaillösungen mit Ecken, Sockel, Dach- und Fensteranschlüssen vor. Von Ingo Gabriel. 112 Seiten, mit vielen farbigen Abbildungen, 28,- €

Handbuch Lehmbau

Umfassendes Lehrbuch und Nachschlagewerk: Es zeigt Einsatzmöglichkeiten, Eigenschaften und Verarbeitungstechniken des Baustoffes Lehm. Mit Forschungsergebnissen und Beschreibungen ausgeführter Lehmhäuser. Von Gernot Minke. 222 Seiten, mit vielen Abbildungen, 38,- €

Neues Bauen mit Stroh in Europa

Bauen mit großformatigen Quadern aus gepresstem Stroh: gebaute Beispiele, erprobte Bauformen und Konstruktionen, Besonderheiten, neue Projekte und Forschungen. Von H. u. A. Gruber u. H. Santler. 112 Seiten, mit vielen Abbildungen, 16,95 €

Handbuch Strohballenbau

Ein Konstruktions-Handbuch, das Konzeption, Bautechnik und alle Details beschreibt, um aus Strohballen gut gedämmte, dauerhafte Häuser zu bauen. Mit vielen Konstruktionsdetails und Beispielen. Von Gernot Minke und Benjamin Krick. 152 Seiten, mit vielen farbigen Abbildungen, 29,90 €

Haus der Zukunft

Ein Drittel aller Treibhausgase entsteht (noch) bei uns Zuhause. Das Buch möchte motivieren und zeigen, wie unser Zuhause in 20 bis 40 Jahren aussehen könnte und welche Wege dorthin führen. Von Simon Grieger. 196 Seiten, mit vielen farbigen Abbildungen, 24,90 €

Regenwasser für Garten und Haus

Ein kompetenter Ratgeber für Planung und Bau von Regenwassersammelanlagen nach dem Stand der Technik: Bemessung, Genehmigung, Speichertanks, Pumpen, Rohrleitungen, Zubehör. Von Karlheinz Böse. 96 Seiten, mit vielen Abbildungen, 16,95 €

Autonome Stromversorgung

Auslegung, Aufbau und Praxis autonomer Stromversorgungsanlagen mit Batteriespeicher für Beleuchtung und für netzferne Handwerks- u. Landwirtschaftsbetriebe. Von Philipp Brückmann und Georg Bopp. 126 Seiten, mit vielen Abbildungen, 22,90 €

Unsere Bücher erhalten Sie in allen Buchhandlungen.
www.oekobuch.de · E-Mail: verlag@oekobuch.de

ökobuch
Zukunft leben